九岁红军

王定国

谢文杰◎著

嶺南美術出版社

中国·广州

图书在版编目（CIP）数据

九趾红军王定国/谢文杰著. —广州：岭南美术出版社，2017.8
ISBN 978-7-5362-6298-0

Ⅰ.①九… Ⅱ.①谢… Ⅲ.①纪实文学—中国—当代 Ⅳ.①I25

中国版本图书馆CIP数据核字(2017)第206689号

责任编辑： 王效云
责任技编： 谢　芸

九趾红军王定国
JIUZHI HONGJUN WANG DINGGUO

出版、总发行：岭南美术出版社（网址：www.lnysw.net）
（广州市文德北路170号3楼 邮编：510045）
经　　销：全国新华书店
印　　刷：南方医科大学广州广卫印刷厂
版　　次：2017年8月第1版
2017年8月第1次印刷
开　　本：787mm×1092mm　1/16
字　　数：150千字
印　　张：13.75
印　　数：1—6000册
ISBN 978-7-5362-6298-0
定　　价：58.00元

序　言

王定国是革命前辈“延安五老”之一——谢觉哉的夫人，她与谢觉哉一道曾多次受到过毛泽东、刘少奇、周恩来、邓小平等老一辈无产阶级革命家的亲切接见，近年来，也多次受到中央领导同志的亲切关怀。2016年12月5日，王定国被评为“2016感动中国”20名候选人之一。

在建军90周年之际，为了庆祝这一激动人心的时刻，我决心用我平凡的笔为这位老红军写一部长篇纪实文学作品，起初考虑到她老人家年过百岁，于是拟了一个标题——“百岁红军王定国”，但是随着采访的深入，知道了王定国老红军在当年红军长征途中冻伤后因为部队缺医少药最后烂掉了右脚的小脚趾，经过与其家人交流，最后确定以“九趾红军王定国”为题进行撰写，从2016年年初开始，几乎用了我一年半的业余时间六易其稿，撰写完了这部长达十多万字的长篇纪实文学作品，作为一名告别军营近九年之久的老兵，为庆祝建军90周年献上了一份薄礼！

我还年幼时就已知晓红军是战斗队、生产队、宣传队，在我的脑海深处挥之不去的是：红军是一首诗，一首翻越一座又一座雪山的艰辛诗，一首草地里深一脚浅一脚的磨难诗，一首饥寒交迫的悲壮诗，一首惊心动魄的危险诗！红军是一幅画，一幅前不见头后不见尾的雄伟画，一幅前赴后继死而后已的沧桑画，一幅荡气回肠而又血肉横飞的凯旋画，一幅披荆斩棘而又死而后已的无畏画。

我年幼的时候，老师就告诉我说：咱们家乡有一位才华横溢的老师，他不但善于教书育人，还敢于起来闹革命，更让人佩服的是，就连我们伟大领袖毛主席都曾是他的学生，这个人是谁呢？他就是谢觉哉！从那个时候开始，我心里就在琢磨：毛主席那么伟大，那他的老师一定非常之棒。怀揣着对谢觉哉的敬仰之心，我踏上了从军的路，虽然一次也未曾见过谢觉哉老师，但是当我在军营里笔耕不辍写下了三十多万字的报告文学作品时，一次偶然的机会，竟然见到了谢觉哉老师的夫人王定国老红军，她看了我发表过的作品后，欣然为我的拙作增辉，亲笔题写了四个刚劲有力的大字——“军旅如歌”作为我的书名。从这一天开始，王定国老红军就成了我笔下不可或缺的英雄人物，一有时间，我就从她老人家的儿子、秘书、保姆等多条渠道收集她曾经的动人事迹，精心品读她老人家亲自撰写的《后乐先忧斯世事》《王定国诗集》《王定国画集》，并认真查阅了她老人家1977年遵照胡耀邦“你最主要的任务是将谢老（谢觉哉）的遗著收集整理发表，这将是对党的重大贡献”的这一要求，亲自参与组织、收集、撰写、修改、整理出版的《谢觉哉传》《谢觉哉诗词选》《谢觉哉日记》《谢觉哉书信集》《谢觉哉文集》等500多万字的系列丛书。

平时到北京出差，我还会到她老人家的居所问候一声。或去欣赏一下她的墨宝，从她儿子那里了解一些她老人家创作的佳作。记得最为深刻的一件事是，当我还在惊叹当年这位身高只有一米五左右，体重只有五六十斤重的女红军是怎样征服那白雪皑皑的雪山和寒风怒吼的草地时，在2004年中秋佳节前夕，老人家最小的儿子谢亚旭告诉了我他母亲重走长征路的故事。

听完这个故事，我迫不及待地以“夕阳映红长征路”为题撰写了一篇人物通讯，并于2004年12月17日刊发在《广州日报》。

时隔13年后的今天，我脱下了自己恋恋不舍的军装，成为一名国家税务系统的基层“新兵”——管理员。在这八九年时间的税务基层工作中，我依然深深地懂得我们这一支有着“八十万大军”的税务干部中，同样离不开红军那坚定的革命理想和信念，坚信正义事业必胜的精神；不畏艰难险阻，不惜付出一切的牺牲精神；坚持独立自主，实事求是的精神；顾全大局，紧密团结的精神；紧紧依靠群众，患难与共的精神；勇往直前的革命英雄主义和乐观主义精神！

在这个物欲横流的时代里，我作为一名中国人，一名曾经扛过枪的战士，担心随着时代的发展，人们会不会把红军藐视一切困难、自力更生、艰苦奋斗、百折不挠、自强不息、英勇顽强的革命乐观主义精神遗忘呢？

基于以上种种原因，一种本能的使命感驱使着我必须用笔将以王定国老红军为代表的红军精神传承下去，让人们看一看那一代革命者的人生观、价值观、世界观是何等的令人敬仰，从而给身处和平时代的人们一份警示，一次鞭策，一个榜样。于是我又一次提起了我手中的笔，又一次走进了这位只有九个脚趾，105 岁高龄的老红军坎坷而又雄伟的人生之旅。又一次怀着十分敬佩的心情来到了王定国位于北京市海淀区干杨树一幢非常普通的居民楼的家里。之所以说非常普通，是因为从外表看，大楼异常朴素，既不在首都最繁华的地段，又没有任何别致的装饰，有的只是京城随处可见的白杨树和那一棵棵昂首挺胸的青松；室内，朴实无华，有的只是不计其数的卷卷藏书，以及一沓沓王定国常常练习写字、画画的泛黄的稿纸。墙壁上悬挂着《长征万岁》等字画，这些绝大多数都是出自老红军王定国之手。

在更加深入地采写完她老人家身边的亲人和工作人员

王定国老人（前右）在 2017 年中央电视台春晚上与全国电视观众一起度过 105 岁生日

不久，我很快写完了初稿，并打印了几份邮寄给了她老人家及她家人审核。王定国老红军曾冒弹雨、越天险、爬雪山、过草地，是亲历二万五千里长征在世的为数不多的女红军之一，我为她老人家出身贫寒而矢志不渝的精神所折服。百闻不如一见，在2016年10月完成《九趾红军王定国》的最后一稿并交出版社之后，我决定深入王定国的故乡去看一看作品中王定国三四岁时躺过的那个门槛到底有多高，门口的池塘离她家究竟有多远，那个像“神”一样的“灯笼石”到底有多神奇，她当年逃婚的那个童养媳的家究竟是啥样。这一个又一个问号一直萦绕在我心中挥之不去。这时我却不慎在单位的办税大厅扭到了右脚。

打着石膏板，撑着拐杖的我一边疗伤，一边又一次走上修改《九趾红军王定国》这部长篇纪实文学的征程。从整部作品的谋篇布局到各个章节的大小标题；从用词造句到标点符号，到错别字，等等，十多万字全部又重新进行了一次推敲修整。

虽然医生语重心长地建议我最好还是卧床休息，尽量少下地走动，但是我还是决定违背一次医规，捡了几件换洗的衣服，带上一条三四米长的纱布绷带，撑着一根拐棍便准备去王定国老红军的故乡寻找自己心中想要知道的答案。在一个阳光明媚的周末，独自踏上了去王定国老红军的出生地——四川南充市营山县安化乡爬山村（中华人民共和国成立前叫灯笼村）的旅途。

坐飞机转高铁，几经奔波劳碌，我终于来到了王定国的出生地，这是一幢三户连在一起的“一”字形连体瓦房，显得十分陈旧，中间三间就是王定国的旧居。当村里的李主任打开那扇灰色木门时，一股潮湿的、刺鼻的霉味向我扑面而来，难道这就是一个参加过二万五千里长征、目前在世的为数不多的老红军的旧居吗？一时间我无法接受，困惑在心头涌现的同时，我的内心深处马上也燃起了一丝不满，却没有在陪同我一同前往的随行人员的面前表现出来，依然若无其事地跨过了堂屋的门槛。四壁布满灰尘的堂屋里，我看不到一样诸如桌子、板凳之类的家具，更没有一件家电，在这位老红军的旧居里，唯独引人注意的是进门右角邻居家借放的两三百斤重的一堆红薯，一个个圆头圆脑的红薯露着新鲜的、带着泥土的红色皮肤，像是在给我这位远方的客人送来一张张甘甜的笑脸，一时间，我心里突然甜了一下。紧接着，我又朝里屋走去，右侧的整个房间堆满了柴火，我环视了一下四周，堂屋的左侧房间里堆放的是一些诸如燃放过的烟花桶等杂乱无章的垃圾。或许是因为房间里刺鼻的异味，或许是因为走动而扬起的满屋的灰尘，我决定马上离开这幢房子。然而，当我跨出大门时，我又久久不能平静，这个三十多厘米高的门槛是不是王定国当年为了不让弟弟爬出堂屋以免发生危险而设置的呢？我用自己的双脚丈量了一下这个门槛的高度，又伸出手指比画了一下宽度，就在我转身想要离开的时候，我突然担心自己还会不会再来到这个村庄，来到这个老屋，于是，我连忙返身掏出手机记录下了这三间高约六米的房屋里的点点滴滴。还没等我拍摄完毕，眼睛就开始变得模糊起来……

“走！到王定国老红军当年搞过地下工作的石洞里看看！”李主任一边热情地介绍，一边在前面帮我引路。踏着泥泞的羊肠小道，我和当地的几位领导来到了石洞脚下。望着这条用长短不等的条石铺成的小路，还有那一片片被镰刀割过而残留的长短不齐的草根，我好奇地问：“李主任，这个石洞有人专门看管吗?”

“因为前几天听说中央电视台的导演要来拍王定国老红军的纪录片，为了便于出入，我特地带领当地村民一起简单地整理了一下，在没有铺条石的地段砍了一些杂草，挖了一些临时踏脚的土坎，要不然呀，你们这些城里人根本上不来！……”村主任边摇头边说。

大约走了五六分钟“之”字形石梯后，眼前马上现出了一个正在“滴答”“滴答”滴着泉水的月牙形石洞。如果不是身临其境地来到爬山村这个叫作“油坊湾”的石洞，我绝对想象不出这个被当地村民用水泥钢筋封闭了的长约20米，最高处大概离地五六米高的月牙形石洞就是王定国早年进行革命活动的重要阵地之一。

王定国近六十岁的邻居李大哥告诉我说，他是在中华人民共和国成立前迁移到王定国曾居住过的堂屋前面的，当时这里是一口不算大的池塘，后来因为他要在这里盖房子，所以把这个池塘给填起来了。他长大后，就慢慢听说了她老人家的很多故事，譬如说这个石洞就是她当年进行地下活动的重要场地，这里不但地形隐蔽，而且冬暖夏凉，更为重要的是洞深、大，方便开会、办学、印刷文件。中华人民共和国成立后，这里还曾是当地孩子们上学的天堂，后来党和政府修建了一些学校，学生们陆续离开了这个石洞，这里便成了人们榨油的地方，所以后来人们又称这里作“油坊湾”。

“如此意义深远的石洞，你们为什么要把它用水泥钢筋堵起来呢?”我的好奇心被激起了。

原来这里不知什么时候有了一眼泉水，水清澈且甘甜，所以当地人就把洞口堵起来蓄水，一来可以用来灌溉农田，二来可以长年用作饮用水。

当然，从村民利益来讲，这自然是合情合理的，但是这个叫作“油坊湾”的石洞是不是还有更好的用途呢？是不是可以把这个石洞修整一下用来做国防教育基地？或者是否可以开发出来做红色旅游景点？

洞门口的右侧比较高的地方用方石砌了七八层的石墙，矮的左侧在三四层石墙上方是用黄土和石子筑起的土墙，由于年久失修，如今已经被雨水淋得面目全非了。在洞口与石墙之间，还有一块1995年10月1日立的烈士纪念碑，上面雕刻的革命烈士的名字依稀可见，他们分别是王敏、王屏、李正文、李犹龙、李怀浦、李忠柄、胡小成、李维田、李维帮、朱兴成、张天枢、杨税超、胡砚丰、周尚文、傅绍裔，这大概就是对“油坊湾”的一个最好的纪念吧！

我怀揣着敬仰之心而来，带着一份伤感而别。然而，在这份错综复杂的感情中，我却又倍感欣慰，也拉直了心中的那些问号！

老红军王定国老家破烂不堪、家徒四壁的三间旧屋，她老人家当年出生入死的那个叫“油坊湾”的石洞，以及出入石洞的那条长满绿茵和杂草的“之”字形羊肠小道，这一切，不正是这位105岁的老红军出生入死所追求的朴素无华的真谛再现吗？

随行的村主任又把我领到了那个在当地人心目中一直带着神奇色彩的“灯笼石”脚下。我拖着蹒跚的脚步，踏着沾满泥土的鞋子，小心谨慎地爬到了这个“灯笼石”旁边大约十多米高的地方，传说中的那些用来保佑生子的石碑不见了，香火也没有了，有的只是一个铺满了杂乱的树枝，大约八米长，四米多高，上百吨重的黑色石头。从石头的上部来看的确有一点像一个灯笼，而插入地下的部分明显是细长的。在一座山的半山腰上，能见到如此巨大的石头，这大概也是不多见的，不过有没有给当地村民带来幸福和吉祥，只有当地村民才知道了。

带着对“灯笼石”的疑惑，我们回到了安化乡政府所在的集镇，这是一个建筑在山脉上的“一”字形集镇，长不超过一公里，要是在白天，来这里赶集的人一多，恐怕两个车子相向而行就会把这个小镇堵得水泄不通。我环顾了一下四周赶集的村民，他们有的背着背篓，有的牵着牛羊，有的挑着鸡鸭，都行色匆匆地忙碌着他们的活计。听说有人前来采访王定国老红军，当年安化乡某学校的李校长跟我讲了有关王定国老红军的这样一个故事：

王定国嫁到李姓人家做儿媳妇后，他们与王定国走的是不同的道路，这也是王定国当年逃婚的一个重要原因……

听到这里，我心里突然一惊，当年身材瘦小的王定国是怎样与自己的小丈夫和其家人做斗争的呢？带着这个疑问，我从山上的安化乡镇来到了山脚下她那个与之做过顽强斗争的小丈夫的家。这是一间“丁”字形泥木结构的老瓦屋，当我走近时，这间老屋里一片沉静，倒是旁边一个只有十多个学生的小学老师在跟学生们讲着数学课，见到我的造访，他连忙停下了手中的活计过来和我们交流。从对他的访谈中，我知道了这里住的是王定国当年那个小丈夫退了休的近八十岁的儿子，由于我见不到他本人，只知道这位老人家也是一名教师。同时，我还知道了，王定国当年的这个小丈夫家里条件在当地数一数二，只是王定国因为强烈的革命思想放弃安逸的生活，走上了革命的道路，选择了长征！

1961年，王定国（右）与谢觉哉在北京圆恩寺家中

在回到羊城的这些日子里，我的思绪一刻也没有停止对她老人家革命生涯的追寻，从这位105岁的老红军的灵魂深处，我读懂了红军长征是意志坚定者的选择；从这位老红军的言行举止中，我感悟到了一支军队的胜利之本是身后的广大人民群众；从这位老红军的长征之旅中，我领

略到了只有英勇无畏才能称得上“铁甲雄师”。我体会到了历尽艰辛，是王定国选择长征的原始动因；意志坚定，是王定国献身长征的不竭之源；坚忍不拔，是王定国征服长征的杀手之锏；智勇双全，是王定国救助红军的有力之器；舍生忘死，是王定国阶级情感的真挚之证；是非分明，是王定国身居要职的看家之本；饱经风霜，是王定国事业有成的先决之因。总之，王定国老红军如同一盏明亮的灯塔，正在照亮着我前行的路！

是为序！

谢文杰

2017 年 2 月 8 日

内容简介

《九趾红军王定国》这部长篇纪实文学作品作者写的是现年105岁的主人公王定国老红军（乳名乙香）亲身经历长征、抗日战争、解放战争、社会主义初期建设、十年“文革”、三十年改革开放、中华民族走向复兴等历史进程中的真实故事，作品详略有别，笔墨重在长征、抗日战争、解放战争时期。

作者首先从王定国老红军贫寒的家境入笔，用朴素的文字把读者带入她老人家苦难的童年生活，在通俗易懂的文字中找到她老人家三四岁时开始养家糊口的身影，看到她老人家在面朝黄土背朝天的乡村里挑水、捡柴的足迹；领悟到她老人家只有五六岁的时候就慢慢地受到了中共地下党员“杨布客”的熏陶，她老人家七八岁的时候就敢于挑战束缚女人不能剪发、不能放脚的封建礼教的精神；寻觅到她老人家只有十多岁就敢于同黑暗势力和军阀做斗争的片段。特别令人敬佩的是，当她认准了“只有共产党才能救中国，红军是自己人”之后她那宁死不屈的坚定信仰。在二万五千里长征中，翻越雪山时险象环生的崎岖之路上，她作为一介女子巾帼不让须眉；过草地时九死一生千辛万苦，她坚持做到掉皮掉肉不掉队，流血流汗不流泪。在震惊中外的二万五千里长征中，王定国同无数先烈用自己的汗水、鲜血谱写了一首又一首艰难曲折的革命史诗，更同无数的仁人志士一起，用智慧与胆识为二万五千里长征绘出了一幅又一幅惊天地泣鬼神的惊人画卷！

1936年10月，王定国随21,800多名西路军将士远征至甘肃河西走廊，在永昌地区不幸被俘。在被俘的日子里，她置自己的生死于不顾，多次深入敌人的监狱传递情报，还和中共地下党的其他同志一道绞尽脑汁、历尽艰辛，与敌人斗智斗勇，成功保住曾任红四方面军总政治部主任和西路军政治部组织部部长的张琴秋以及曾任红四方面军宣传部部长的刘瑞龙这两位红军将领的生命，为组织出面营救他们赢得了足够的时间。在营救红军将领以及其他失散普通红军官兵时，王定国更是能征善战，从不分彼此，只要是有困难的失散红军，不管是不是她的同乡，是不是她相识的战友，发现一个就营救一个。正当在敌人的监狱里度日如年时，王定国终于被组织营救脱险，后被送到兰州八路军办事处，并留在办事处工作，后来又成了“延安五老”之一——谢觉哉的夫人。王定国与谢觉哉结婚时虽然已20多岁了，但是她依然一字不识，后来在谢觉哉的直接帮助和影响下，无论是文化素质还是政治思想都得到了迅速提高。她不仅在这个办事处里负责内部的行政事务和生活管理工作，还根据谢觉哉的指示，积极参加了许许多多对外的统战工作和营救失散西路军战士的工作。

王定国虽然出身于农村，浑身沾满了乡村泥土的气息，但是在周恩来总理亲自教导下，很快学会了像打麻将之类的社交手段，与当地妇女名流乃至国民党官僚的太太小姐们成了朋友，并以自己的热情和纯朴，感染了她们。通过王定国的努力，这些妇女名流不久就影响到了各自的丈夫或父兄，使之了解和认同我党的政策主张，支持抗日活动。例如，原甘肃省主席贺耀祖的夫人倪斐君，就在她的影响下积极参加了兰州的一些进步活动，后来甚至提出加入共产党的要求。

1939 年王定国随谢觉哉回到延安。在延安的大生产运动中，她和大家一道开荒、种地、养猪，并从事副食品生产，由她和谢老等人生产的优质产品供应中央机关的同时，还用来慰劳王震所属部队南下归来的官兵。由于成绩斐然，在延安时，她光荣地出席了陕甘宁边区举办的劳模大会，并被评为劳动模范，荣获毛主席亲笔书写的“再接再厉”的锦旗。

王定国在抗日战争和解放战争中经受了严峻的考验。中华人民共和国成立后无论是跟随谢老在内务部工作，还是在最高人民法院和全国政协工作，她都能以高度的政治责任感面对组织的每一次工作调整；在党组织安排她的每一项工作中，她自始至终怀着对党和人民群众的满腔热忱忘我地工作，从来没有打过一丝折扣。夕阳未必逊晨曦！王定国荣退之后，依然心系西路军那些失散多年的红军官兵，自掏腰包不畏艰辛亲自去寻找他们的下落。当得知在世的西路军战士受到不公待遇时，她又亲自撰写报告并呈各部委和中央领导人，为西路军失散的红军官兵争取恢复待遇，上书中共中央总书记解决这些失散官兵的生活难题。她晚年依然心系祖国，关心国家文物保护工作，情系祖国长城和祖国的青年一代，倡导并参与和创建了“中国文物学会”“中国长城学会”“中国干部教育协会”“中国关心下一代协会”等社会公益组织。由于她成绩出色，被中央机关党委评为优秀党员和“全国关心下一代先进个人”。

虽然王定国参加红军前没有正式进过一天的学校，但是她能认真学习文化知识，苦练书画作品。她的大幅水墨丹青《强渡嘉陵江》，让人感受到她对当年亲身经历的战斗永生难忘，她对曾经与自己一同浴血奋战的战友们的深切怀念；从《巴山蜀水》中可以感受到她对生她养她的家乡一往情深；从《长城颂》中可以领悟到她对祖国的山河那份刻骨铭心的热爱；从《荷花》《秋菊》等作品中可以看到她对大自然独具慧眼的赞美；《奔马》《雄鸡》等作品见证了她对生灵的呵护和关爱。

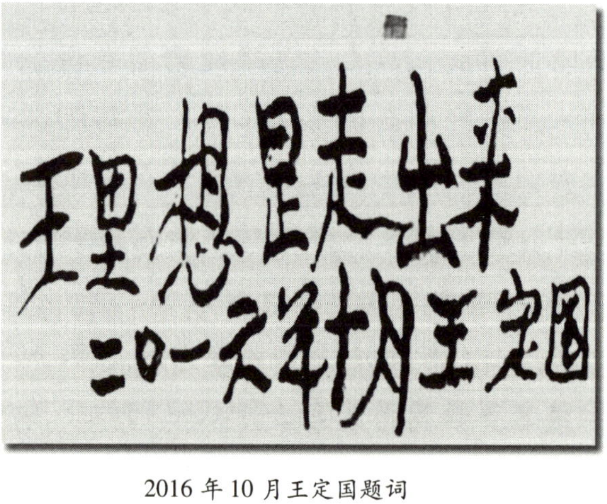

2016 年 10 月王定国题词

导　读

童年王定国在三四岁的时候为什么就要养家糊口？

少年王定国受谁的影响一步步走上革命道路？

青年王定国在二万五千里长征中经历了怎样的辛酸？

西路军失败，王定国被俘后是如何与敌人展开斗争的？

在兰州“八路军办事处”王定国是怎样营救失散红军的？

中华人民共和国成立后，王定国跟随丈夫——中华人民共和国内务部部长、最高人民法院院长谢觉哉为国家做了哪些有益于社会的事？

“文革”中周恩来总理为什么要救王定国？

粉碎“四人帮”之后，王定国随从丈夫谢觉哉为国家做了哪些贡献？

退休后的王定国为国家做了哪些有意义的事？

目　　录

第一章　历尽艰辛，王定国选择长征的原始动因　/ 1
一、幸运石下多厄运　童年定国难撑家　/ 3
二、家境贫寒连年苦　弱女受惊父突亡　/ 9

第二章　意志坚定，王定国献身长征的不竭之源　/ 15
三、军阀横蛮心头恨　布客引路立头功　/ 17
四、扬正除邪心不改　甘把热血献红军　/ 23
五、红军营渠传捷报　定国支前写新篇　/ 28
六、女汉求学心不聚　巧遇良师引正途　/ 36
七、革命征途遇风险　危难之时见柔情　/ 43
八、党员换岗不变色　情系红军心不移　/ 47

第三章　坚忍不拔，王定国征服长征的杀手之锏　/ 55
九、两军会合机缘美　鸳鸯巧遇互不知　/ 57
十、寒风卷雪冰刺骨　翻山越岭苦为乐　/ 64
十一、三过雪山身心爽　革命信念胜于天　/ 72
十二、爬完雪山过草地　一步更比一步险　/ 77
十三、奉命西征遇强敌　血战到底不投降　/ 82

第四章　智勇双全，王定国救助红军的有力之器　／ 87
十四、被俘依旧忠于党　千方百计救同胞　／ 89
十五、深陷囹圄遇灯塔　绝处逢生又一春　／ 97

第五章　舍生忘死，王定国阶级情感的真挚之证　／ 105
十六、历尽艰辛救红军　终生不忘战友情　／ 107

第六章　是非分明，王定国身居要职的看家之本　／ 119
十七、弃学为公驻“八办”　绞尽脑汁救散兵　／ 121
十八、有惊无险返家园　任劳任怨献热血　／ 130
十九、特殊照顾夫不满　身居要职树丰碑　／ 136

第七章　饱经风霜，王定国事业有成的先决之因　／ 143
二十、拨乱反正救良将　一丝不苟审案情　／ 145
二十一、天寒又逢连夜雨　云未散来雾又临　／ 149
二十二、热心辉映夕阳红　突遇乌云心憔悴　／ 152
二十三、身经磨难总理救　往事如烟常记心　／ 159
二十四、昭雪平反精神爽　不遗余力著新篇　／ 163
二十五、京城不忘前尘事　故里寻亲梦成真　／ 166
二十六、夕阳未必逊晨曦　爱国保家万人传　／ 169
二十七、夕阳映红长征路　红军精神放光芒　／ 173

附录：回忆张掖地下党支部的斗争
刘德胜　王定国　武　杰　／ 180

第一章

历尽艰辛，王定国选择长征的原始动因

一、幸运石下多厄运 童年定国难撑家

1913 年 12 月 30 日，王定国出生在一个川北山村。家里人给她取名叫“乙香”，但不知怎的她的外婆家却又常常喊她“卯妹”。不管是乙，还是卯，自从她出生的那一刻开始，就注定了她要和这个山村一起历经风雨。

据王定国回忆，村里有一块上面粗圆，下面细长且插在山脉上的怪石，人们把这块石头叫作“灯笼石”。每逢初一、十五时，周围十里八乡的人们都会赶到这块石头前烧香进贡，信石为神。

后来又传说凡是到“灯笼石”这里磕头烧香的新婚夫妇，都会生下儿子，那些既来这里拜过神，又生了儿子的人家，自以为得到了验证便会在山上竖一根石竿以谢这块“灯笼石”。随着时间的流逝，这个既没有寺庙，又没有神位的“灯笼石”前不知不觉就有了一些香火。然而，令人遗憾的是，如此神奇的“灯笼石”却并没有给王定国的童年生活带来一丁点幸运，相反，她一直被厄运纠缠着。至今回忆起来，仍让人心有余悸。

就拿男女平等来说，由于当地人受封建残余思想的侵蚀，总是改变不了重男轻女的思想，王定国当年也没有逃过这一世俗带给她的厄运。还只有 4 岁的时候，王定国就必须肩负起照顾弟弟的责任，15 岁后当了红军的王定国身高还不到一米五，体重也就 50 来斤，可想而知她在年仅 4 岁的时候身材是多么的矮小和单薄！

童年的王定国住在一间没窗户的茅草房里，门外两三米远的地方就是一丘水田，年幼无知的弟弟一不小心爬出门外，要是有一点闪失，王定国除了要承受父母的指责之外，一顿皮肉之苦是在所难免了。那怎么办呢？就在王定国左右为难的时候，她突然心生一计：自己趴在门槛上用瘦弱的身子堵着随时都有可能爬出门外玩耍的弟弟。

早出晚归的父母每次回到家里，看到儿女们都平安无事，心生喜悦之时，对王定国也就增多了几分依赖，以至于王定国在六七岁的时候，就不得不想着法子为填饱家人的肚子而四处奔波。

在王定国六七岁的时候，她家里有一个姓陶的舅妈在一家卖担担面的面食馆里推磨挣钱，王定国知道后，便有了出门挣钱的打算，于是就主动找上门去求舅妈带自己到外面去混口饭吃，同时也为家里赚点食物。

舅妈知道王定国的心思之初心中总有点犯难，王定国年龄小，个头比磨子高不了几厘米，要是干活不成还伤到哪儿自然不妥。可面对她的家境，要是不帮这个家庭又于心不忍。

舅妈左思右想，最终给王定国想了一个办法，那就是把王定国整个身子用棍子捆在磨盘的把手上，让她用身子推着把手带着磨盘一起转动，这样不但可以防止王定国推磨时万一睡着了摔倒在地，而且还可以保证她能更好地发挥自身的全部力量。像这种平日里只有男人才干的活计，王定国总是要和舅妈从天还没亮干到满天星斗才能回家。每当拖着疲倦的身子回到伸手不见五指的家中，带回的却只是一点点面食。

能在室内干活儿对王定国来说还算是幸运的，要是赶上到前不着村，后不着店，喊娘娘不应、叫爹爹不灵的地方干活儿，就更让王定国一筹莫展了。那是在王定国八九岁的时候发生的一件事了，因为她从小就干活儿贪心，所以她妈妈总是半夸半怨地说：我们家乙香是一个舍命不舍财的傻姑娘。王定国母亲的话不无道理，有一次王定国独自一人上山拾了很多干柴，当她把干柴捆扎好后，却发现自己怎么也背不起来。而环顾四周，方圆数里竟然没有一个人影，急得她只能揪着跟前的草根借力伸腰，不知不觉把跟前的草根全部揪光了，脚下的地也被她蹬出了一个小坑，可是肩上的干柴就是压得王定国直不起身来。眼看太阳就要下山了，她望着西下的夕阳，看着那弯弯的小路，一时间瘫倒在地。在家千日好，出门时时难！此时此刻，孤苦伶仃的王定国多么希望能听到母亲从山下边走边叫着“乙——香——”“乙——香——”出现在她的跟前。或者有一个过路的人给她搭上一把让她挺立起腰杆将一天的胜利果实背回家里。日落西山的时候，她不得不失望地迈着沉重的脚步回到自己的家，原本那一捆干柴最终也没能带回几根。

从这次贪多的教训中，王定国感受到了什么是知足常乐，也体会到了什么叫无可奈何。遗憾总归遗憾，快乐的事也是有的，由于她的辛勤劳作，一些意想不到的收获填补了她那荒凉的心灵。

就拿秋天来说，这是王定国为之兴奋的时节，因为每逢秋收，人们就要收割稻子，在收割完之后，王定国常常要带着弟弟去义务帮助别人家从田里往田坎上拖稻草捆儿。稻田里既有吸血的蚂蟥，还有扎脚的尖石，可这些对王定国来说，都不在话下。一天下来，整个人跟个泥猴没有什么两样，王定国也没有叹过一声气。即使是如此艰辛的苦活、脏活、累活，年幼的王定国总乐此不疲，要是有机会摊上这样的活计，总能从稻草里捡上少则一两斤多则三五斤的稻谷回到家里，用以弥补家中严重的缺粮现状。

秋天是收获的季节，王定国不但喜欢去给人家拖稻草捡稻穗充饥，而且最喜欢去山上捡桐籽。在她年幼的心灵深处，这是一件令她最高兴、最自由、最幸福的事了。一来不用照看围着她叽叽喳喳的弟弟妹妹，二来不用去听妈妈一天的唠叨，三来看不见爸爸那张愁苦的脸。更让她惬意的是，一个人还可以哼着歌儿，捡上桐籽卖了换上几尺白布，再用稻草灰自制颜料染成不灰不蓝的颜色，去做一件过年穿的新衣裳。

快乐的日子总是不能长久，在王定国的生活里尤其显得非常短暂，由于长年生活在这样一个地理位置相对独特的山村，那里的水贵如油，这一直是困扰在她心头的一件揪心事。

据她回忆，当地的富裕人家经济条件相对较好，过着衣来伸手饭来张口的日子，他们喝的水全部是买来的，而像王定国这样的穷人家就只好自己到安化场外十来里地的山泉担水回来了。

因为路途遥远，王定国常常会带着年幼的弟弟一大清早就起床往泉眼边赶。由于她年小体弱，每当千辛万苦赶到山泉边时，第一眼看到的总是那一条排得像长龙一样的从四面八方赶来挑水的队伍，要不是自己常年在此处奔波，她怎么敢相信人们排着前不见头、后不见尾的长龙就是为了从一潭永不干枯的不见其深的泉眼里接水呢？

“穷争饿吵”！王定国到达目的地后首先听到的并不是潺潺

的泉水声，而是因排队争吵的吆喝声。每当这个时候，她年幼的心灵里总有一种强烈的摆脱现实束缚的欲望，她多么希望这一切不再发生，然而这种欲望又是一个多么荒唐的梦想。

为了喝上几口干净的泉水，她不但要带着弟弟半夜三更起床排队，有时还要遭受年幼无知的弟弟无端的抱怨。赶上排队时间一长，不谙世事的弟弟还得爬到她的怀里睡上一觉。要是哪天碰到弟弟脾气不好，王定国做的所有这些好事都会被弟弟毁得一干二净。

有一次，她和弟弟排了大半夜才接到满满的一桶水。抬回家的路上，王定国出于好心，上肩之后，她把扁担绳往自己肩膀这边多移动了一点，她知道要是弟弟那头的扁担长一点点，他承受的重量就会减轻许多。不知怎的，当王定国往怀里拉桶时，不知什么时候伤到了弟弟，弟弟突然把扁担往旁边一摔，自己一个人赌气跑回家了，结果水洒个精光不说，连水桶的底也掉下来了，王定国急得满头大汗，幸好有一位过路的好心人帮她把水桶的底给重新装上了。为了家里有一桶干净的清水，她又独自重新排队接水回家了。

每当与弟弟发生类似不快之事，王定国回到家里都不敢告诉父母，因为在这个山沟里，一直延续着封建社会男尊女卑的恶习，要是让父母知道了，她不但得不到父母的理解和安慰，还会招来父母的一顿咒骂，甚至一顿棒打。

这种哑巴吃黄连——有苦说不出的事，王定国不知经历过多少次，在王定国童年的记忆中，父母重男轻女的传统观念在日常生活中体现得更是淋漓尽致！

因为家境窘迫，王定国的弟弟总是穿不上鞋子，不管刮风还是下雨，他都是光脚丫子，当冬天来临的时候，脚就会开裂，每一个开裂的小口如同刚出生的婴儿的小嘴一样露出鲜红的肌肉，要是家里人谁不小心碰到了弟弟的痛脚，他就会痛得号啕大哭。每当这个时候，父母的唠叨声和弟弟的啼哭声交织在一起，常常会折腾整晚。

王定国老家的风俗习惯，当地的男孩子可以打赤脚，而女孩子不能不穿鞋子，再穷的人家，再破的鞋总要挂在脚上，要不会遭受别人的笑话。或许是父母的责骂，或许是家境的窘迫，或许是弟弟的啼哭声，一次又一次触动了王定国的灵感，在接下来的日子里，她就专门发明了一种叫作“笋壳鞋”的鞋子。

顾名思义，笋壳鞋就是用笋壳做的，不过，一般只拿笋壳做鞋底，而鞋面是用布制作而成。这种鞋虽然不好看，但穿起来还挺舒适。加上竹笋遍地都是，坏了就捡新的，不用花钱，这在当时来说自然是既经济又实惠。据王定国回忆，她从出生到年满 10 岁，仅穿过家里为数不多的几双布底鞋，其余的大都是她自制的笋壳鞋。

自从笋壳鞋问世，弟弟的痛苦自然少了一些，父母脸上的笑容也多了许多。然而，即便如此，因为家境的特殊原因，王定国的童年依然摆脱不了缺少欢乐的穷山沟生活，摆脱不了头上的一道道封建的枷锁。

二、家境贫寒连年苦
弱女受惊父突亡

随着王定国日渐成长，她慢慢明白了许多道理，也让她懂得自己当时的困境并不是与生俱来的。早年，由于连年战乱，把四川弄得地荒人稀，朝廷就让湖北人移民川北，就这样，王定国的祖先由湖北省麻城市人变成了名副其实的四川营山县人。

在那兵荒马乱的时代，作为外地来的移民，一没有根基，二没有雄厚的经济实力，她的祖父王洪兴也就没有给王定国在内的后人留下什么家底。加上祖父膝下养育着三儿四女，所以祖父在做织布机匠的同时，不得不利用闲下来的时间租种他人的土地。日出而耕、日落而息，从来都没有停下来休息的念头。

祖父勤劳俭朴的生活习惯，心灵手巧的过人本领，让他成为当地名人。王定国的父亲名叫王永禄，也有人叫他王觉庭，在家里排行老二。娶了营山县安化乡李家湾一位李姓姑娘做老婆，这个人就是王定国的母亲。母亲既姓李又姓刘，这是为什么呢？因为王定国的母亲既是刘家的外甥女，又是他们家的干女儿，格外受刘家外婆的疼爱，所以有时也就这样改姓刘了。

李、刘两家的日子虽不富裕，但也能温饱。母亲嫁到王家时是一穷二白。每当家里断炊时，她就去外婆家背点粮食回来，从未空过手。父亲是个老实人，面朝黄土背朝天在土里刨食儿。他除了种地之外，碰到乡里有丧事，还跟道士李常五师父给人家做道场混点粮食。

王定国的伯父名叫王永锡，长年体弱多病，平日卧床多于劳作。虽然娶了一个老婆，却没能建立起自己的家业，撇下妻儿到外地去给人家放牛为生。相依为命的母子俩万般无奈，最后成了流浪街头的叫花子。王定国的三叔名叫王福东，生活无着，被抓去当兵后，老婆就去给人家做了长工。不久，等到王福东当逃兵跑回家里时，发现老婆已经带孩子改嫁了，从此，三叔更是一蹶不振。

因为生活拮据，祖父只好把三个儿子分家度日，可是家里既无一间房，又无一垄地，面对家徒四壁空空如也的家，祖父分给王定国父亲的全部家产就是两只饭碗和五百麻钱。

房子是一个家庭的栖居之地，可王定国的父亲带着自己的儿女连一片瓦也没有，怎么办呢？为解燃眉之急，他只好带着一家老少到外面租住。时长日久，萧条的经济环境使得这个原本贫困如洗的家慢慢变得更加紧张，房子也租不起了。父亲就只好撑着多病的身子上山割草，东家找竹子西家借稻草，最后在安化场街上盖起了一间茅棚。

可没过多久，一场雷火把这个四面透风的茅棚给烧了个精光，一家人又不得不过起了天当房地当床的贫苦日子。

再坏的佛像也是神位，再破的茅棚也是家呀！一家六口连个遮风避雨的地方都没有，这怎么成呢？经过一番深思熟虑，父亲决定打发王定国的母亲跑到刘、李两家东拼西凑，在亲朋好友的帮助下，最终搭起了属于他们家的第二个茅棚。

当时不知是什么原因，这个家的后门用竹篱笆给挡住了，所以整个房子只有前门没后门，一张破床，半张被絮，一口铁锅撑起了他们当时的家。

为了补贴家计，王定国的母亲常常凭着自己的伶牙俐齿跑到别人家去说媒。

有一天，临走的时候，母亲让王定国看好家和弟妹，王定国有些害怕，她便找来隔壁的一位小姑娘做伴。夜深了，屋里传来一阵响动，她以为是老鼠也就没有在意。可过了没多久，床上挂的破帐子突然晃悠起来，王定国问她的同伴说：

“你看看帐子怎么颤动起来了？”小姑娘胆怯地告诉她说：“是风吹的！”然而当天一亮，她俩一下子就傻了眼，帐子没了不说，再一看，唯一的破锅也不翼而飞了。

王定国一时间六神无主，她心里明白，这口锅虽然破，却连着全家人的性命。记得小时候弟弟王定安听到锅响就要哭，因为锅响了就没饭了。这口破锅做一顿稀饭要掺三次水，因为锅炸开了两条大缝，平时是用布条塞上的，火一烧，布条烧焦了就会漏水，如果不加水就做不熟饭。即使是个如此破旧不堪的铁锅，也让王定国一时间号啕大哭起来。

就在王定国的家被偷不久，没想到命运又一次跟她开了一个玩笑，这个只有三面墙壁（有一面墙是人家的）的家不久王定国也失去了！

原来募兵不久三叔王福东就独自逃跑了，军方情急之下找到王定国家里要人。王定国的家人不知所措，王福东却怎么也不露面。军方在找不到王福东的情况下就来了一个狗急跳墙的下策，用铁链子把王定国的父亲给锁走了。

此时，心急如焚的母亲为了让父亲早日脱离苦海，她和家人商定去找当时在安化乡说得上话的蔡姓乡绅出面调解。母亲把这个只有三面墙的茅棚卖掉，换来了二十吊麻钱交给蔡姓乡绅帮忙赎回了王定国的父亲。

屋漏又逢连夜雨，父亲前脚进门，街上管事的人后脚就跟进来了，又向父亲提出酬谢其他调解的中间人的要求，不照办就不给他好受。面对这个一贫如洗的家，王定国心中的怒火燃烧起来了，她决心站出来替父亲说句公道话，就心直嘴快地跟管事的理论起来，没想到那个穷凶极恶的管事人一个巴掌打过来，把王定国打得摔倒在地。

面对邪恶，王定国挺身而出，她骂得更凶了，还伸出自己那弱小的拳头，提起手中的板凳……可怜天下父母心，为了息事宁人，王定国的母亲一边赔着不是，一边忙不迭地把王定国拽到了一边。家就这样没了，去哪里居住呢？

父母左思右想，决定根据家里的经济情况去租一间最便宜的房子。几经周折他们找到了街上一个叫陈立斋的店主，从他家租了几间月租仅仅十吊麻钱的房子。然而，好景不长，眼看着十吊麻钱一个月的租金也付不起了。面对如此窘迫的困境，父母六神无主，一个连房子都没得住的家庭还算不算完整的家呢？思来想去，父亲决定白天到一个常年有人吸食鸦片的烟馆去义务帮助工作，换取全家六口人晚上十二点以后免费到烟馆睡觉的这一廉价回馈。因为白天吸烟的人你来我往，王定国他们兄妹是不能进去的，所以不得不整天到外面去流浪。祸不单行，家人住进烟馆不久，穷困潦倒的父亲抵挡不住鸦片的诱惑也染上了大烟。雪上加霜，王定国他们这个家实在无力回天了，没过多久父亲就再也没有起来。

就在一家人为父亲的去世悲痛无助的时候，父亲的尸体却一时不能入土为安，因为家里没有一块像样的木材可以做口棺材安葬父亲。情急之下，王定国的三个舅舅决定把王定国的二弟王春福卖给没有儿子的陈永福做儿子，交换的条件是要陈永福拿出四块棺材板和两升麻豌豆给王定国家，王定国家就把这个只有三岁半的弟弟交给了陈永福。

给父亲做棺材的木料是有了，但是从那一刻起，王定国就失去了骨肉相连的亲弟弟！悲哀的事接二连三地发生着。

一边是落井下石的乡亲，一边是雪中送炭的街坊，陈祝三见王定国的大弟弟王定安才12岁，出于好意主动出面张罗，向邻居借了一块白布，让王定安包在头上做孝子，向来家中看望的熟人、亲友磕头谢恩。王定安跪了大半日感动了一些亲友，远房亲戚侯达三从脚上脱下一双破鞋，穿到了王定国父亲的脚上。陈立斋好心地施舍了一件衣服穿到了王定国父亲身上。东拼西凑，王定国的父亲总算是入殓为安了。

让人万万没有想到的是，根据当地的风俗习惯，王定国的父亲还不能下葬，究其原因，当地封建迷信盛行，死了人要阴阳先生看日期、看山脉、看阴土，还要巫师来开路引魂。可王定国家哪有钱请呢！无奈之下，家人出面让弟弟趁安化场赶场人多，便去那儿乞讨，在好心人的施舍下总算讨回了几个铜板，就这样才把父亲的丧事办完，并托人将棺材抬到魏家湾祖先坟地停放。

一波未平，一波又起，棺材抬到山上后，阴阳先生说王定国父亲死的日子不好，犯重丧，不能当即入土，必须停放数月，另看日期才能下葬。为了后人的兴旺发达，王定国的母亲听了只好依从，果真把安放王定国父亲尸体的棺材停放在家长达半年之久。

父亲去世了，家中失去了依靠，生活无着，弟弟王定安只好跑到县城当兵，给当官的做勤务兵，每天给长官添饭打洗脚水，照顾太太，等等。原本一个好端端的家就这样死的死，卖的卖，走的走，只剩下了母亲、小妹王定合和王定国三个人。

第二章

意志坚定，王定国
献身长征的不竭之源

三、军阀横蛮心头恨
布客引路立头功

20世纪20年代末期，地处山脉上的川北营山县安化场（现安化乡）称不上是大城镇，可来这里赶集的人们却是络绎不绝，对于当年没出过远门的王定国来说，自然就觉得这个呈“一”字形的集镇就是一个很大的“城市”了。

既然是一个大“城市”，肯定得有一个说了算数的人，在安化场这个地方，说了算数的头儿是谁呢？他是一个军阀，叫杨森，因为“山高皇帝远”，军阀杨森为了维护自己的反动统治地位，一方面举办政治训练班，对追随他的人们进行洗脑，想尽一切办法让他们对自己俯首帖耳；为了使自己的部队官兵个个身强体壮，他常常对他们进行艰苦而又繁重的强化训练；为了达到在心理上瓦解中共地下党的目的，他鼓动手下一百余名特工人员专门从事反共宣传、镇压革命活动。另一方面他还在区、乡加强“保”“甲”组织，实行连保、连坐法；有时甚至借“剿匪”之名，横征暴敛，中饱私囊，除了对田赋一年数次征收外，诸如“壮丁费”“人头税”“印花税”“鞋捐”“打头税”“地皮费”等名目繁多的苛捐杂税更是让当地的老百姓欲哭无泪；更让人瞠目结舌的是连寡妇再嫁，也不得不交上一份“过路钱”。除此之外，军阀杨森见当地山林茂密，于是心怀不轨，四处打听，倒卖树木，挖空心思搜刮民财，从而达到大发横财之目的。就在军阀横行乡里的恶劣环境中，营山县老百姓政治上遭受官僚的压迫，经济上遭受他们的剥削，纳不完的“粮捐”，还不清的高利贷，绝大多数人食不果腹，衣不蔽体，有的卖儿卖女，有的流离失所。路边常有冻饿而死的尸体，放眼望去到处是一片惨不忍睹的凄凉景象。

面对混乱不堪的时局，经受过艰难困苦的王定国，在她年幼的心灵深处便萌生了一股怒火。就在她想改变现状却不知从何入手的时候，她认识了一位见多识广的中年人，这个人叫杨布客，是常去她舅舅家的一位朋友。杨布客走南闯北，见多识广，时不时在王定国面前讲述一些乡间发人深省的故事，日积月累，王定国革命之心渐渐地泛起了一阵阵波澜。特别是在杨布客谈到哪里的小孩子上学不要钱、哪里的女娃儿不裹脚、哪里的女人下水耕地插田时，等等这一切当地人都认为是不可理喻的事，王定国听得多了，就产生了跃跃欲试的欲望。敏锐的杨布客看出了王定国的心思，他便和罗家坝卖盐的杨俊、双河口做裁缝师傅的肖德兴一同趁热打铁跟王定国说：“乙香呀！你不要老是在家里待着了，出去看看外面的世界，××地方在办小学，又不要学费，你可以去听听课嘛。”王定国在他们的鼓动下，渐渐地，脚也不包了，头发也剪了。

不知内情的母亲不解地问王定国为什么不中规中矩地过日子呢？每当这个时候，王定国总会开玩笑地跟母亲说：“妈，我这不正是想去做尼姑吗？”斗转星移，王定国从他们的言谈中发现“杨布客”其实不是他的真名，原来他的真名叫作杨克明。而杨克明实际上又不是以卖布为生的，而是川东中共地下党的一名共产党员，由于受到敌人的通缉，便到营山来，为红军解放营山打下坚实的基础。他以卖布做掩护，与同仁张静波和杨俊等人一道发动群众抗税抗粮，宣传妇女解放思想，动员群众组织参加农会活动。

随着时间的流逝，杨克明和王定国的地下工作变得越来越默契了，加上他又是王定国舅舅的好朋友，有时候王定国的母亲就让杨克明住在自己家里，像对待亲兄弟一样照顾杨克明的生活，诸如一些缝补浆洗的事，王定国的母亲全都包了下来。杨克明有空也帮王定国家里做一些力所能及的体力活儿，在王定国家里经济相当拮据的时候，还雪中送炭，主动伸出援助之手送给了她家二十几吊麻钱帮助缴纳佃租。一时间，王定国的家便成了杨克明和中共地下党的秘密联络点。

从那时候起，瘦小的王定国便开始自愿为中共地下党干一些力所能及的事情，诸如替杨克明秘密组织的农会活动放风站哨，把中共地下党用来复印的油印机藏到红薯窖里并对其进行伪装，等等，这一切让人提心吊胆的事，年幼的王定国总是做得天衣无缝，滴水不漏，更没有过一丝胆怯。

但是，有一次却让王定国为难了。

一天，王定国的舅舅和杨克明把她叫到一个偏僻的角落里，吩咐她到离安化场20多公里远的“仙女石”去找一位姓龚的大哥，有一封信，一定要亲自交到龚大哥的手中。

王定国打小就知道去“仙女石”的路上要经过一个“叫花坟山”的墓地，传说中这个墓地上总会出现一些冤魂野鬼。想到这儿，王定国马上有点犯难了，便把自己不愿意去“仙女石”的原因告诉了杨克明。这时，杨克明明白了王定国的心事，他连忙弯下腰，柔声细语地问王定国：“乙香，你见过鬼吗?”王定国马上回答说：“没有!”“只要心里没鬼，人世间也就没有鬼。我们乙香是苦水里泡大的女娃子，硬气得鬼都不敢碰的。”眼看着王定国动心了，杨克明接着又告诉王定国说他在坡上的树林里等着她，只要听见猫叫，就说明他来到了现场。王定国听杨克明这么一说，揣着信，壮着胆，一个人出发了。

王定国竖着两只耳朵闷头赶路，来到“叫花坟山”附近时，她果真听到了猫的叫声，心里更加踏实了，便一个劲地往前奔跑着。当夜深人静的时候，王定国独自终于来到了“仙女石”那个店子，并把杨克明给她的信完好无损地交给了龚大哥。

三天之后，让王定国意想不到的事发生了，安化场的一个团防局被端掉了，团总被人给摔到了茅坑里。就在大家暗自高兴的时候，没想到麻烦来了，营山县专门下了一道清乡命令，严查这件事是谁干的，经过几天的折腾，最终还是不了了之。

这个秘密是在红军打进营山后张静波告诉王定国的：“乙香，当时的团防局被端，就是你把那封信送给龚大哥后，他们过来给干掉的。”

听到这一消息，王定国顿时欢呼雀跃，她做梦也没有想到自己送一封信，就干掉了一个无恶不作的坏蛋，一时间觉得自己干了一件惊天动地的事……

在接下来的日子里，王定国又获得了更多关于杨克明的信息，杨克明，其实原名叫作陶树臣，1905 年生于涪陵，家里也是很穷的佃农。在涪陵中学时叫陶正，曾化名洪涛尔、洪涛，到营山后改名叫杨克明。红军入川的时候，杨克明在川陕省苏维埃内务委员会工作，红军西征甘肃河西走廊的时候，任红五军政治部主任，后来在高台牺牲。

在革命的道路上引导王定国的另外一个人也是她舅舅的好朋友，名叫陈辉，是营山黄柳坝陈家湾人，他和张静波都曾经在南充、重庆等地念过书，这些人常常来王定国家里开会。陈辉看上去文质彬彬，他一点也不嫌弃满身都是泥土气息的农民。

陈辉反对王定国裹脚，还跟王定国到家里去说服其父母。一进门就理直气壮地对王定国的母亲说："你们不要给王定国裹脚了，裹了脚怎么让她干活走路呢？"王定国的母亲说："定国，你的脚要是不裹起来，长大了是没有婆家要你的呵。"陈辉则说："如今要男女平等了，男人、女人都一样，难道您自己裹脚的罪还没受够哇！"

这时，王定国的母亲嘴上没有说什么，可心里还是非常高兴的，因为她作为女性，又何尝不知道裹脚的痛苦呢？只是由于封建思想的束缚，这显然是大逆不道的。凭她自己一个人的力量自然是无力改变现状的，如今有人给女儿撑腰，心中窃喜。就这样，王定国的脚就渐渐地放开了。更令人欣喜的是，她不但自己把脚放开了，而且妹妹的脚在她的坚持下同样也得到了解放。

那年妹妹王定合才3岁，有人就拿着一双三寸长的绣花鞋来跟王定国的妹妹定亲，说："你家的定合，要是将来嫁到我们家里，就必须穿得上这样的绣花鞋，否则的话就不娶！"

王定国看了看那双鞋子，连忙在一边说："这么小的鞋子，你的脚能穿得进去吗？要是我才不穿呢，放了脚不但走得安稳，而且还走得快，干起活来才有劲。"王定国的话让来人很是气恼，灰溜溜地走了。

就在提亲的人走后的第二天，王定国干脆把那双绣花鞋送进了火海。当然，妹妹的那门亲事也就这样不了了之。受中共地下党进步思潮的影响，王定国不久又剪了长发。一个放足剪发在街上行走的姑娘，在那个年代，迎来的是别人的白眼，可是王定国从来没有害怕过，因为在她心灵深处，“男女平等”四个字已深深地印在了火热的心中。革命的火种就这样潜移默化地烙到了这位年轻人的心坎上！

四、扬正除邪心不改 甘把热血献红军

自古以来，不管哪朝哪代，革命无论大小，也无论时间长短，大都是要付出沉重的代价的。王定国破旧立新放脚、剪发的举措虽然现在看起来是小事一桩，但当时却给她带来了沉重的痛苦。在她 15 岁那年，家里的长辈觉得她是一个比较活泼的女儿家，为了不让她在外面惹是生非影响家风，不如早一点嫁个男人管着，也就了了家人一桩心事，于是强行把她嫁到隔壁村庄一户李姓人家当媳妇去了。

可王定国并没有乖巧地给人家做媳妇，也没有在丈夫面前百依百顺地做妻子，还是不改初衷，依然跟着杨克明等人参加中共地下党的一些进步活动。

一而再，再而三地干着在当时别人眼里大逆不道的事，王定国的家婆自然是看不顺眼的，有时她便变着法子来教训王定国，可十五六岁的王定国面对家婆的发难依然不改初衷。逼得无可奈何的时候，她就想方设法逃跑，不过因为王定国年龄不大个头又小，怎么也逃脱不了家婆的魔掌。

每当夜幕降临，就是王定国变着法子想逃跑的时候，事与愿违的是，越是天黑的夜晚，她的丈夫和家婆就对她看得越紧。越是这样，王定国就越想家，越想家里的小伙伴们，越想舅舅和舅舅的朋友们。明知跑不脱，她还是寻机逃跑，一次一次的失败，让王定国变得有些失望。在王定国心烦意乱的时候，她总想着自己有一天能变成一只蝴蝶，飞到一个自由自在的地方；或者变成一片落叶被风儿刮走……

由于王定国天生服理不服人，在李姓人家做媳妇的日子里，倔强的她很少在婆婆面前屈服，可想而知日子是不好过的，她一天到晚不是挨婆婆的打，就是挨婆婆的骂。终于有一天，这些让人揪心的事被王定国的舅舅李忠胜和李忠斌知道了，他们开明大义最终实现了王定国心中的梦想，让她远走高飞了。王定国当时是怎样逃出她婆婆的魔掌的呢？我在她老人家北京的家里采访时，她最小的儿子谢亚旭跟笔者道出了原委：一天，王定国突然不见踪影了，家婆便打发一大帮人气势汹汹地找到王定国的父母要人。情急之下，王定国的父母不知如何是好，最后不得不把王定国的两个舅舅找来了。被迫无奈之下，舅舅们出面当家了，他们东挪西借给王定国婆家的人一些大洋打发了他们回去。这事还没了结，后来又来了一些素不相识的人纠缠王定国的母亲，这时舅舅们不得不道出真相：王定国去参加革命了。在两个舅舅苦口婆心的劝说下，来人不得不徒劳而返了。

王定国从婆家逃出来不久，她在外面干起了一份洗碗的差事。随着时间的流逝，聪明伶俐的王定国发现来来往往的人有一些面孔似乎很熟悉亲切，在这些出入匆匆的人群当中，她开始觉得这些人是来参加农会的。带着这个疑问，她边工作，边留心观察，最后她终于验证了自己的判断是非常正确的，原来自己工作的地方就是农会的据点。一时间王定国既兴奋又自豪。

近墨者黑，近朱者赤！王定国回想自己所经历的一切辛酸，她最后坚定只有起来参加进步活动才有可能脱离苦海，于是，她决定参加农会，成为他们队伍中的一员。从那一天开始，她一边洗碗做饭，一边配合农会到处宣传妇女放脚、剪发，实现男女平等，这些让当地人觉得不可思议的举措，王定国干得有声有色。除此之外，她还会深入村民家里鼓动妇女们劝家里的男人不吸鸦片，动员大家积极参加农会活动。

受王定国新思想影响最为突出的要数一个叫作周砂罐的妇女，她是邻家陈祝三的侄媳妇，因为她的丈夫给乡绅抓壮丁带走了，婆婆无法控制她的思想，加之周砂罐性格开朗，为人热情，在家里待不住，常跑出来找王定国和张新仁、李金香几个姐妹玩耍，在王定国的鼓动下，这些人很快也参加了农会工作，成了农会的积极分子。张新仁和张达汉是姐妹俩，都是小小年纪就嫁给别人做媳妇的小女孩，后来她们的丈夫也被抓去当了壮丁。长年压在她们头上的封建礼教、贫苦的家庭生活、卑贱的社会地位常常让她们喘不过气来，最后她们纷纷决定钻出“家”的樊篱，姐妹俩先后都参加了农会活动。

王定国结识的这些姐妹们一走出家门，就把束缚都给忘记了，她们全身心地投入农会活动当中，个个干得热火朝天。在周砂罐、张新仁、李金香三个女孩子的努力帮助下，农会的工作做得风生水起。

历史上，每一次革命的步履都是非常艰难的，走在前面的人把一串串的脚印留给了后人，而后边的人有的却不把走在前面的人当作先行者，更多的是对他们评头论足甚至骂不绝口。

连同王定国在内的那几个放了脚、剪了发的姑娘、媳妇在当地是非常显眼的，她们的思想可以说是走在了当地广大妇女的前面了。这时，受封建思想影响，老一辈人便开始骂她们不知“礼”“法”。没见过世面的年轻人笑话她们没有家规。甚至有些父母，不准自己的女孩和她们接近。

王定国及这些姐妹们看似“大逆不道”的举措虽然引来了不少非议，但是这在有些年轻女子的心里却又是一种时尚，也令人神往和羡慕，许多姑娘、媳妇偷偷地跟她们寒暄，主动与她们套近乎。因为这些面朝黄土背朝天的人们内心深处是多么渴望知道安化场以外是一个什么样的世界啊！

一传十，十传百，即使有些妇女其父母、公婆严加看管，她们也有人总是想方设法逃出来仿效，偷偷地与王定国她们往来。每当这个时候，王定国都积极主动跟她们宣传进步思想，讲明白放脚和剪发是追求男女平等的进步之举。告诉这些姐妹们自己的行为并不是一个坏女人的不良习气，相反，只有这样，才能更好地为广大妇女们争取自由平等的权利，才能更好地替受虐待的妇女们打抱不平。从那时起，王定国的一言一行便开始潜移默化地影响着当地的姐妹们，为妇女解放运动、男女平等的思想宣传打下了基础。不久王定国的组织能力得到了领导农会工作的杨俊的认可，与此同时也得到了中共地下党张静波、肖德兴、蔡仁礼等安化人的信赖。

1933 年春，鉴于王定国对革命事业的无限热情和机智灵活的革命精神，杨俊、张静波、肖德兴等几个人商量，决定把红军不久将要攻打营山的情报悄悄地告诉王定国。

接到任务的王定国心领神会，为了迎接红军的到来，她便和姐妹们主动从营山到仪陇、玉山场、黎山等地夜以继日地开展深入细致的宣传工作。但是天有不测风云，当听说红军已到通江、南江、巴中等地时，那些有钱的人却不知什么原因一下子跑得无影无踪了，剩下那些没钱的人听说红军要来个个吓得魂不守舍。

消息传到中共地下党员蔡仁礼耳里，他马上明白了个中奥妙，便指示王定国火速赶回营山，挨家挨户地告诉营山县的老百姓，红军是自己人，是解放穷人的队伍，他们是来劫富济贫的，不是来吃人的，红军主张的是妇女们放脚、剪发，男女平等。叫大家不要跑，更不要害怕。经过艰苦细致的宣传鼓动，周围的群众渐渐地对红军战士有了一些初步的了解，等到红军来到时，他们严明的纪律，善良的举动赢得了广大劳苦大众的信任，于是当地的群众慢慢解除了对他们的戒备心理，也就不再四处逃跑了。

五、红军营渠传捷报
定国支前写新篇

1933年9月23日红军攻克仪陇城，结束了仪南战役，随即挥师南下发动了营（山）渠（县）战役。

当时营渠一带属于军阀杨森的防区，他所管辖的二十军有三万多人驻扎在此，而红军继续向南扩展时，杨森的老窝营山县广安城成了当时严重的阻碍。红军官兵为了拔掉这个眼中钉，肉中刺，从而解除对红色根据地的威胁，遂决定集中所属红四军、红九军（由瑞金的一个独立团扩编而来，下设两个师，即瑞金三师和宁都地方武装改编的十四师。这个军的干部大都是来自中央苏区的贫苦农民，他们只要有饭吃有地种，当兵就要当红军，红军是共产党的队伍，是工农自己的队伍。这个军的任务是白天打进敌人的阵地，晚上再从敌人的阵地上打出来，和敌人耗时间，虚晃一枪迷惑敌人）和红三十军的主力5万余人，挥师南下直取营山。9月23日，红军向巴中挺进，给在巴中的玉山、顶山的敌人以歼灭性打击。敌人拖着大队人马经仪陇境内分几路向营山、渠县等方向溃逃。这时，由军长王宏坤、政委周纯全率领的红四方面军冒着大雨乘胜追歼逃敌。

红军的一个又一个胜仗，让王定国和当时坚决革命的同志们感受到了这支队伍的威武雄壮，从而更加燃烧了他们参加革

命的激情。同时，红军所到之处的一举一动更用事实证明了这是一支为穷苦大众服务的队伍，一支所向披靡的精锐之师，文明之师！而不是像国民党反动派宣传的红军是吃人的队伍。驻地的百姓们也就对红军有了更加深刻的了解。从此，王定国和她身边的父老乡亲有的加入了红九军这支队伍，有的不约而同地投入这场革命当中，有的走进了支援红军官兵与敌人继续战斗的行列之中。

9 月 25 日，红九军向营山进军，首先由仪陇的三河、阳通、茶房等地顺利进入营山的柏林、合兴、悦来场。9 月 30 日，红九军副军长兼二十五师师长许世友、副师长罗云，七十三团团长刘理运率部相继占领了石酒、老林、金垭、玲珑场，并直挺二龙场河边。

狡猾的敌人这时并没有就此罢休，他们在通天场的咽喉高地玉皇观一带设重兵把守，在大庙场南岳山隘口制高点挖掘地堡，配备交叉火力，妄图阻止红军官兵南下营山城。

10 月 2 日凌晨，红军官兵的首领调虎离山，指挥一部分官兵从正面佯攻，另一部分官兵从何家店找到一位熟悉小路的老乡带路，出其不意地从山的左侧碾房湾迂回，攀悬崖、吊树杈，巧妙地将敌人架在悬崖边一棵树上的机枪给缴了。

敌人的机枪被缴后，马上失去了对红军官兵的威慑力，加上照珠河水奔流不息，气势汹汹，几天阴雨，河水暴涨，无法过河，有的敌军疲于奔命，不得不贸然投河，结果淹死的不计其数，其余残敌有的不顾生死，妄图强渡红军架设的浮桥，被红军官兵打得落花流水，有的苟且活命也如同丧家之犬，赤身裸体弃枪逃窜。这次红军出其不意突破通天大庙防线，为胜利解放营山县城写下了浓墨重彩的一笔。

10月3日上午，红军占领新店，此时，解放营山城木已成舟，当晚10时，红军胜利进入营山县城。10月4日，营山县城东面的黄渡、侯家（今四喜）、灵鹫、小桥、骆市，南面的茶盘、凉风，西面的新民、封窦、回龙，偏北的罗家坝（今绿水）、福源等场镇相继得到了解放。这时，从二陇、仪陇赶回罗家坝的中共地下党员蔡仁礼、杨俊组织农会发动群众，欢天喜地地开始迎接红军官兵的到来。

10月5日，红军官兵人不下鞍、马不停蹄，兵分多路向蓬安县挺进，随后解放了周口、徐家、斜溪等三个区十四个乡镇，迫使敌人龟缩于嘉陵江两岸。

历时十天的营（山）渠（县）战役胜利结束，红军官兵解放了营山全县和渠县及蓬安县嘉陵江以东的广大地区，根据地向南扩展了百余里，红军总计歼敌团长以下千余人，俘虏团长以下2000余人，缴获敌人的枪支弹药不计其数。此刻，红军官兵的声威在当地老百姓心中大震，一路捷报频传，全城百姓欢天喜地，有的把捷报写在房屋的墙壁上，有的自发地召开令人备受鼓舞的纪念会、庆功会。总之，整个县城的老百姓们个个欢欣鼓舞，人人扬眉吐气。红军解放营山以后，当地百姓家家户户贴对联，寨寨敲锣鼓，在王定国的记忆深处，有两副对联她依然记忆犹新："万国九州都革命，五湖四海是红军。""斧头劈开新世界，镰刀割断旧乾坤。"除此之外，当地村寨处处飘动着彩旗，乡亲们纷纷杀猪宰羊慰劳红军官兵。

为了巩固红色根据地，周边的红军每到一处王定国就带着周砂罐、张新仁、张达汉等几个人不辞劳苦到人流量较大的交通要道张贴"红军是穷人的军队"的标语，到集市张贴"共产党员不拿穷人一针一线"的标语，到军阀营区张贴"反对军阀混战”“打倒帝国主义”等标语。平时她们还到学校、集市等公共场所演新剧、办识字班、教《八月桂花遍地开》等歌曲，动员和组织群众，宣传红军部队的政治主张，粉碎红军吃人的谣言，消除不明真相的人民群众心中的顾虑。每当党组织召开群众大会，建立苏维埃政权并领导群众打土豪、分田地，开展扩大红军队伍等各项工作时，王定国就带领大家主动去群众中做协调工作。同时，如果哪里发生战斗，王定国就主动带领大家到一线阵地跟随她的舅舅们一起抬伤员、押俘虏。

由于王定国他们不停地宣传红军的革命主张，在很短的时间内红军和当地人民群众之间就建立起了鱼水之情，用事实戳穿了国民党反动派散布的谣言和对红军官兵不切实际的无端诽谤。原来因为害怕红军而逃往外地或躲在山洞里的群众，陆续返回了原籍，开始热情地接近红军官兵，拥护红军官兵的行动和主张。

在苏维埃政府领导下，红军官兵所到之处都有一批又一批的人民群众自发地组织成立了看护队、担架队、慰问队、洗衣队，开展给红军官兵带路、送信，帮助红军官兵抬伤员、运武器、扛弹药、找粮食、买盐巴、送茶饭、打刀矛等支前活动。踊跃参加红军的动人事迹也数不胜数，父送子、妻送夫、兄送弟，甚至出现了全家大小一齐跟着红军走的革命热潮。据统计，当时营山县参加红军的就有5000多人。红军在营山新组建了红九军二十七师，下属红八十团、八十六团。各级苏维埃政权还组建了游击队、赤卫队、妇女委员会、妇女小组、少先队、儿童团等地方组织。在这样一片小小的热土上就有上万人在配合红军打敌人、灭土豪、维护社会治安等运动。

1933年10月，在蓬安前线，红军打下了徐家场与斜溪交界的磨盘寨，缴获了敌人大批物资。当王定国和同仁们得知要去帮助红军搬运各种战利品时，马上在回龙区动员了数百名群众，以最快的速度连夜赶到目的地。当堆积如山的战利品呈现在王定国面前的时候，她脸上的汗水随着笑容一起交织成一幅灿烂的彩图，她和大家一道一直干到第二天黎明才打道回府。

接下来，王定国和红军官兵一道展开了又一场声势浩大的宣传活动。在当地人民群众的大力支持下，又发动了一次大规模的战役，顺理成章地占领了绥定城（今达县）。在这次战斗中，全县有1000多名群众，加上营山县大部分贫困子弟响应红军和苏维埃的号召，到绥定城一举将军阀刘承厚设的兵工厂、造币厂等大批物资、军备运到川陕省苏维埃政府所在地的通江苦草坝。运回的物资不久就用作制造枪炮、马尾手榴弹。剩下的一些首饰则制成银圆，还在上面刻了“全世界无产阶级联合起来”的字样。

营山解放不久，也就是1933年10月中旬，一批敌伪乡村政权头子，纠集地主武装1000余名，打着“川北五县民众联合剿共指挥部”的旗号，进犯长胜县苏维埃，妄图颠覆新生红色政权，同时还在营山、天池、三元、太篷、柏林、孔雀一带山区趁火打劫，对苏区进行骚扰，杀干部、烧房屋、抢财物。为了打击敌人，保卫苏区的安宁，红军派出二十五师七十三团政治处主任许仕贵配合县军区指挥郑友益、陈发洪在10月20日带领红军游击队、妇女独立营、少先队、童子团等数百人，进行了反击。当天，把敌人逼到营山、高码与仪陇、九龙交界的黄牛坪，然后把黄牛坪团团围住，围困达六昼夜。红军官兵、游击队员组织突击队20多人从刘家湾搭人梯爬上悬崖，攻破山寨敌阵。接着，红军连破仪陇、三合场等顽敌，活捉敌人600余人，彻底扫清了这片红色根据地内的土匪武装。

这一次次战斗胜利的捷报，在当地人民群众家的墙报上随处可见，极大地鼓舞了红军士气的同时，也强有力地震慑了当地的敌对势力，更重要的是为团结当地的贫苦大众起到了重大作用。

11 月 20 日，周口失守，红军开始转移。当天吃中午饭时，红九军为了确保营山县城，决定竭尽全力在封窦铺对敌人进行阻击。当时红军首长亲临指挥，到了晚上，因敌人居高临下，火力太猛，红军伤亡惨重，就连军长也身负枪伤。

11 月 22 日，万万没想到军阀杨森各路人马突然兵临营山城下。当时营山是空城一座，敌人未敢轻举妄动。至晚，便衣队探得红军已退，便开始率大部队进入县城。11 月 23 日，红九军在城北黄柳垭、佛儿庙、龙顶观、仁和和高庙子等地布下阵势，诱敌深入。军阀杨森部队遭到红军三面伏击，退守县城未敢再犯。

王定国家里是世世代代受剥削的贫苦农民，在共产党的影响下，她积极主动地参加了农会的各项工作，不畏生死地支援红军官兵的英雄气魄得到了党组织的充分肯定，经过严格的政治审查，1933 年 12 月，中共营山县委在消水河地区召开了县党代表大会，其间李部长宣布王定国为无候补期的中共正式党员（入党介绍人分别是肖德兴和徐启文）。正式宣布之后，入党介绍人肖德兴找到王定国谈话，鼓励她在今后的斗争中要更加坚强。

在这次党的会议上，组织上要求每个党员要严格要求自己，遵守党的纪律，保守党的秘密，以保证党的工作顺利地开展。会上还对每一个党员进行了具体分工，同时让每一个党员都明确地了解当前的主要任务。依照组织安排，王定国被分到营山县委妇女部当部长。龚玉珍、李秦文、陈寿英、何秀兰、任桂兰、邝玉英等六位女同志都是王定国所在妇女部的成员。她们的主要任务是发动群众给红军做鞋子，并且每天向组织汇报各自的工作情况。

王定国成了领导人民翻身求解放的伟大的中国共产党的一员，一时间她心情十分激动，她感到自己终于有了依靠，有了前进中的灯塔，有了人生的奋斗目标。在营山县党委组织成立妇女独立营时，王定国非常荣幸地担任了这个妇女独立营的第一任营长。那是一支由三个连队的两三百人组成的队伍。其主要任务是抬担架、送弹药。与此同时，还要利用有限的时间抓紧进行军事训练，随时准备打仗。

艰巨的工作任务并没有使王定国放松对独立营干部战士的要求，相反显得更加严格。为了让全营干部和战士做到令行禁止，作为营长的王定国无论是军事训练还是抬担架、送弹药，处处模范带头，从而成功地完成了党组织交给的一项又一项艰巨任务。

红军撤离营山不久，没想到军阀杨森对营山人民，特别是参加红军和苏维埃的干部及家属、游击队员，甚至少先队、儿童团等施行了惨无人道的迫害。据统计，全县被杨森杀害的红军和苏维埃干部及家属就多达480人。还有一些被迫害致伤、致残或逃往他乡弄得妻离子散、家破人亡的家庭就更是不计其数，王定国得知这一情况后心如刀绞。

当老百姓的生命财产受到伤害和侵犯的时候，是重返营山与军阀杨森再决雌雄，还是忍气吞声后发制人呢？王定国辗转难眠。就在她气愤不已的时候，突然又接到了另一个重大任务，于1934年1月带领独立营到五块石与敌人进行战斗。战斗结束后，剩下的100多人一部分编入了川陕妇女独立团，一部分分到了红九军、红四军和红三十一军。王定国的出色表现又一次得到了组织的充分肯定，不久，她和营山县、区、乡苏维埃的16名妇女干部被送到巴中苏维埃学校学习，至此王定国在营山县历时五个月的工作宣告结束。

六、女汉求学心不聚
巧遇良师引正途

巴中苏维埃学校是根据川陕省第二次党代会的决定成立的，这所学校的前身是彭杨学校。所谓“彭杨学校”是指为纪念中国共产党早期农民运动领导人彭湃和工人运动领袖杨殷而命名的军队干部学校。

在通江和巴中两地各成立一所苏维埃学校，专门培养地方工作干部。时任巴中苏维埃学校校长姓周，副校长是王定国早年就熟知的张静波。学校除了教务主任是专职干部外，所有教员都是兼职干部，当时川陕省委的许多干部都轮流来校讲过课。军政部学员由各届苏维埃选送，按班、排、连进行编制，每期学员两三百人，训练期为六个月，但多数学员都因战争形势紧迫，部队任务繁重而不得不提前毕业归队履职。已是十八九岁的王定国走进学校大门的那一刻，像幼儿园小朋友初进学堂一样既紧张又高兴，既新奇又陌生。

一个长年累月在风雨中穿梭的人，经受过枪林弹雨的考验，没想到刚刚进学校大门却一时平静不下来，王定国脑海中常常浮现的不是和大伙儿风风火火张贴标语的场景，就是演出节目宣传红军主张的镜头，要不就是那些血雨腥风的战斗场面。

张静波副校长看出了王定国的心事，便主动做她的思想工作，要她先安下心来学习，以便为下一步工作打好坚实的理论基础，更好地为人民服务。在张静波的及时鼓励下，王定国想退学回家干事业的打算渐渐消失了。

王定国参加的这期培训是巴中苏维埃学校开学以来的第二期。400多名学员中，女生占了一半之多。为了便于管理，一共编了三个连，一个连100多人。王定国和李文秀、钟一平（现在河南）分到一个连，学校领导考虑到王定国具备丰富的管理经验，便任命她担任排长。

从风风火火的战斗一线到井然有序的学生生活，王定国完成自身的角色转换并没用太长的时间。从一日三餐的准点生活开始适应，在吃饭开始前先是以班为单位围成一圈，由每个班的值班学员将饭菜打好，大家两手放在膝盖上，端端正正地坐得笔直等候着值勤排长哨声一响，同学们就一齐争分夺秒地吃饭。吃饭的时间是有规定的，所以听到开饭哨声同学们往往就像占领阵地一样迅猛。大概一袋烟的工夫，食堂里又会响起第二轮哨声，哨声结束，就餐完毕，吃完吃不完都要马上撤离现场。

诸如此类的点滴纪律，王定国不到一个星期就习惯了。学校里这些看似繁杂的生活细节，不但练就了王定国令行禁止的过硬作风，同时也让她在这种严明的纪律熏陶下有了更加长足的发展。在接下来的学校生活中，她更加珍惜自己的这次学习机会，每天除了认认真真地学习文化知识，对自己的各项军事训练也从不敷衍了事，在王定国的印象中，“实战演习”的科目最让她刻骨铭心。

演习时，学员分成两批，一批占领山头，另一批则奋力攻山，得胜者夺过红旗，插在山顶，以示胜利。虽然每次“战斗”

下来不是累得腰酸腿痛，就是把人碰撞得满身青紫，但是王定国没有一次掉过眼泪。

每一个学员除了需要接受紧张有序的操练之外，对于已入了党的同学还有一些更加严格的校规对其进行约束。在王定国的记忆中，一次不吃肥肉的经历至今还让她记忆犹新。由于敌人封锁，王定国所在的学校没有盐吃，炊事员炒肉时不得不用糖做调料，谁都知道，用糖做的菜吃起来格外油腻，有个小战士受不了，便随手扔了一块肥肉。没想到这下坏事了，有人说扔肉的人是地主出身，因为贫苦人家要想吃上肉困难得很，他们怎么会扔掉肉呢？只有地主家出身的人，吃多了大鱼大肉，养成了只吃瘦肉见肥肉就扔的习惯。发生这件事的当晚，学校随即召开了批斗大会，那名丢肥肉的同志在大会上做检讨，才勉强通过。这种生活中不经意间发生的错误不止一个学生犯过，就连一向谨慎的王定国也曾发生过。

那是一个周末的晚餐，她不小心将菜里一块又甜又腻的肥肉挑出放在一边，但是没想到自己的这一行为却被在现场的校领导看在眼里，记在心里，结果晚上开会的时候，她同样受到了学校领导的严厉批评。

平日里学校这些严明的纪律压抑了笑声也让人滋生了几分孤单，而当王定国和同学们投入紧张的军事训练时，有时又会上演让人捧腹大笑的场景。那是学校组织学员第一次紧急集合。一天夜晚，王定国和同学们睡得正香时，突然一阵清脆的哨音划破了校园的宁静，室内的同学们都被惊醒了。“紧急集合！紧急集合！”一阵阵喊声惊醒了熟睡中的学员。

在黑得伸手不见五指的寝室里王定国和同学们嬉笑着穿衣服，手忙脚乱地打着背包，一些记性好的同学出门前还会把诸如水壶、挎包之类的随身物品携带上，以备领导检查。

由于紧急集合是在没有灯光的夜里进行，所以自然显得非常紊乱，当同学们跑出屋外排好队在灯光下接受学校领导的检查时，稀奇古怪的景象一览无余地呈现在同学们的面前：有的没有穿外衣却披着被单；有的趿拉着鞋子，鞋带还没有系好；有的绑腿没有绑紧，两头在地上拖着；有的扣错了扣子，长短不齐的衣襟耷拉着；有的斜挎着刀枪，提着长矛。总之，队伍中出现的全是五花八门的画面，大家你看着我笑，我瞅着你乐。

大家笑过之后，接下来就是窘迫，因为紧急集合而散落在地的所有东西，全被学校负责军事训练的教员带着连长挨屋没收到了连队，这还不说，更让他们脸发烫的是政治部主任的那句评论：

“除了屁股没丢，别的全丢光了！”吃一堑，长一智！从那一天开始，王定国和她的战友们便总结了一条经验，那就是睡觉的时候都不脱衣服，不解绑腿。

这样的“小聪明”没有多长时间就被发现了，有一天晚上连长跑到宿舍里来查铺时，不知怎地发现了王定国不脱衣服睡觉，马上对她进行了严肃的批评，但生性倔强的王定国等连长一走，还是偷偷把衣服穿好才敢睡觉。日久天长，大家就开始模仿王定国的这一“创举”。作为一个学员，最让人头痛的不仅仅是学校严格的管理，许多教员来自鄂豫皖等不同地区，他们在授课的时候总是喜欢用自己的方言讲课，这对当初大字不识几个的王定国来说更显不便。为了不使自己的成绩在连队拖大家的后腿，王定国在课余时间总要把没有听懂的课补回来才肯安心休息。

为了做到理论联系实际，学校结合当时的时局专门设置了党的基本建设、扩大红军队伍、组织地方武装、土地法、劳动法和群众工作等许多功课，每一门功课都要求学员不但要记住，而且还要能讲，最后要进行公开演讲，合格了才能通过考试。如果成绩不好，不但不能毕业，而且还不能分派到县、区的苏维埃政府工作，必须留下来继续学习。这一消息对王定国而言如同一道套在她头上的紧箍咒，她开始忐忑起来，心想要是自己毕不了业怎么办呢?

对于入学之初还是文盲的王定国来说，这是她不得不面对的一个问题。是自暴自弃，还是迎难而上？王定国扪心自问只能选择后者。课堂上，王定国不会写的字，就做个标记，下课后主动找到老师请教，一次、两次，有时甚至三四次，总而言之，直到弄懂学通为止。除了认真听讲之外，平时的业余时间她更是惜时如金，常常加班加点地对所学知识进行消化吸收。

在王定国的记忆中，土地法和劳动法这两门功课在当时是较难掌握的，因为这两门功课内容非常抽象，理论性相对较强。不过让王定国非常庆幸的是，这两门功课的授课老师正是自己早已熟悉的学校副校长张静波。

当年张静波在营山搞地下工作和教育工作时常常住在王定国家里，王定国一见到他自然倍感亲切，加上张静波的教学方法引人入胜，每次课后他都要进行一次回访，看有没有没听懂的问题，查一查大家对课堂上讲过的内容能不能全部记下来。

如果一个学生对自己的授课老师有了一定的好感，那么必然会对这位老师的授课内容倍感兴趣，王定国与张静波之间的这种师生情结就是一个最好的例子。学生、老师、学校这三者是相互结合的，要是哪方面有所出入，那必将影响到一个学生的成长进步。像王定国他们这种短期培训班的学员，大都是不识几个字，学习全靠死记硬背，加上他们这些学员毕业之后的主要任务是到苏区对农村广大群众进行政策宣传，于是学校对他们的理论学习抓得相对较为紧张，每隔三天，就要以班排为单位主办一次讲座，总结这些天来所学的东西，每个人都要讲解学过的内容。在这种时局下，尽管学习时间短，还要军训，又常有土匪扰乱，王定国对土地法、劳动法这些课程从来都没有一丝含糊，字字句句都学得非常扎实。她的这种学习劲头既来自于自己对学生的认识，同样也受她本人的经历的影响，因为王定国从小就受尽了地主、土豪的折磨，所以她对这样的学习机会弥足珍惜，除了学习劲头越来越比常人足之外，付出的努力也比别人更多。她常常会利用课余时间到没有人的地方不厌其烦地反复背诵新学的课程内容，重温学过的重要章节，背诵上课时老师标出的重要知识点。

功夫不负有心人，当王定国结束为期六个月的短期培训离开学校之际，她和其他同学一样接受了全校师生的检阅。面对全体学员和教员，王定国操着一口浓重的四川口音站到了主席台前，宣讲完土地法的相关知识后，立即赢得了学校广大师生的充分肯定，并且还非常荣幸地获得了全校第二名的优秀成绩。每当王定国回首自己的在校生活、工作和学习经历的时候，都会非常自豪地说自己不但在学校经历过窘迫，有过忧伤，更领略过成功的喜悦，享受过胜利者的快乐。然而令她刻骨铭心而又心有余悸的是一件缎子上衣的尘封往事。那是王定国从营山出发到巴中上学之前，营山县苏维埃政府特意挑了一些上好的缎子和衣服送给每一位学员。由于王定国心灵手巧，她将自己那件衣服改得既漂亮又合身。可正当王定国穿着漂亮衣服雀跃不已时，副校长张静波找到了王定国，像对自己的亲人一样和颜悦色地说：

“定国，你身上的这件衣服虽然很漂亮，但是我建议你换成一件蓝色的粗布褂子，可能对你更有利，你觉得怎么样？”

“张校长，我想请问您一个问题，为什么别人能穿，我却不能穿呢？”王定国满脸委屈地问。“这是组织决定，你必须把自己改过来的衣服换下来才行！”一向温文尔雅的张静波失去了往日的沉静，马上抹平了脸上的笑容，十分严肃地说。望着张静波坚定不移的眼神，王定国再也不敢坚持自己的立场了，回到寝室迅速把衣服换了。衣服是换成了粗布衣，但积淀在她心中的郁闷却一直挥之不去，直到后来她才找到答案：王定国在一次和同学们聊天时，谈到家乡打土豪没收地主老财的洋钱多得要用箩筐装才行。可不知怎的，这话让人传成了王定国家里的洋钱多得要用箩筐装。这样一来，她就被人怀疑成了地主家的大小姐了。在当时的政治环境下，由于受张国焘极左政策的影响，诸如地主富农这种家庭成分不好的人是要受到政治审查的，情节严重的还会招来杀身之祸。要不是张静波副校长和政治部主任秉承实事求是的原则，并一而再，再而三地替王定国解释，说王定国很小的时候在家就参加了农会运动，是一名非常积极的先进分子，并一再证明王定国的家的确是一贫如洗的贫雇农，也许王定国早就没有今天了。每当想到这些往事的时候，王定国都会为张静波当时的举动感动得双眼模糊，在王定国的心里，她深深地懂得，有时一句话可以毁掉一个人，有时又可以扶持一个人。而在当时那个四面楚歌的年代里，张静波为了坚持正义，他没有畏惧威严的权贵，更没有随声附和，而是义不容辞地站在正义的立场上，心贴心地站在自己学员的立场上说话做事！这在当时是需要多大的勇气啊！

七、革命征途遇风险
危难之时见柔情

1933年，就在王定国带着在巴中苏维埃学校获得的优异成绩，准备深入农村去为广大人民群众宣传土地法、劳动法的节骨眼上，在营山县当保卫局局长的徐启文（后任湖南省委副书记，已去世）找到了她，希望她到巴中道保卫局（“巴中道”相当于现在的地区专署，保卫局相当于公安局）工作。面对徐启文局长的关怀，王定国不假思索就答应了。在她看来，徐启文不但是自己的入党介绍人，而且有丰富的革命斗争经验，是自己人生之旅的一盏明灯。

到保卫局报到后，王定国被分配到了保卫局下面的女子保卫连，并当上了排长，更让王定国意想不到的是，当她到保卫局报到后，和她一同毕业的龚玉珍突然出现在她的眼前，战友重逢，怎能不让人喜出望外呢？一时间王定国和龚玉珍高兴得相拥而泣……身为排长的王定国在妇女连的主要任务是看押犯人，对外配合主力红军打仗，对内保卫机关办公场地。

作为一名女红军干部，王定国不但要完成早晚的驻地巡逻，还要常常活跃在山间峡谷清剿土匪。为了迷惑敌人，有时她还要带领大家女扮男装，随同正规部队作战。一旦战争打响，还有一条不成文的规定，那就是不准女红军说话、喊叫，要是被敌人发现眼前的对手是女红军战士，势必会减小对敌人的威慑力。王定国身体健康时是一名主力干将，但她疾病缠身时，也同样能机智地与敌人周旋。

那是1934年春的一天，连队被派到离巴州80里远的毛给镇、化城等地运输粮食。没想到受领任务后王定国却突然身患重病，她一会儿四肢冰凉，牙齿咯咯直打架，一会儿又热得鼻子冒烟，像待在蒸笼里一样。再过一段时间，等到身子退烧后，她全身又大汗淋漓。

同行的战友听说王定国生病了，大家一时不知如何是好，有的上前安慰她，有的给她擦拭身子，有的听说狗肉既补身子又治疾病，就弄来了一碗狗肉给她吃，狗肉虽然吃了一大碗，但是不管怎么折腾，王定国的病情就是丝毫不见好转。就在大家万分着急的时候，身边的一位战友又出了一个主意，他让王定国把生鸡蛋冲酒喝了一大杯，没想到王定国的病情不但没有好转，反而一醉不醒，且依然全身一会儿发冷一会儿发热，一会儿又大汗淋漓。被疾病折磨得浑身无力的王定国并没有停止前行的脚步，第二天一大早，她又拖着疲倦的身子跟随大部队出发了。

在连队回来的路上，由于旧病复发，王定国又开始发冷发烧，最后她不得不停下来，蜷曲着她那瘦小的身子躺在石崖下静静地休息。就在王定国想舒展一下她那疲惫不堪的身子时，惊心动魄的事发生了，不知什么时候有人从山上推下一块大石头，差点儿砸中王定国的额头，一时间王定国吓出了一身冷汗，她从地上一骨碌爬了起来，以迅雷不及掩耳之势跑出这个险地。说来也巧，这一路快跑过后王定国反倒感觉病情减轻了许多，在返回部队的途中，就彻底痊愈了。就在王定国完成运输任务不久，上级决定从巴中撤退，万万没有想到王定国又一次患上了感冒而且高烧不退，连正常的行军也受到了严重的影响。

就在王定国痛苦不堪的时候，好心的战友帮她找到了一位老中医，老中医主动给王定国开了一服中药，王定国喝下后蒙着头就睡着了。就在她整个脑袋烧得迷迷糊糊的时候，敌人机关枪发出的“嗒嗒嗒”的响声像敲簸箕一样震动了整个县城，也让王定国从沉睡中猛然惊醒。待王定国缓过神来，发现保卫局的人不见了，只剩下自己和一些女同志。

就在王定国左顾右盼时，迎面走来了一群气势汹汹的犯人，从他们的囚服一看就知道是王定国曾经管教过的人，这些人会不会对自己进行报复呢？想到这里，王定国心里不由自主咯噔了一下。不过，有着丰富的战斗经验的王定国明白，面对对手，千万不能有一丝畏惧表露于仪表之中，于是她马上又振作起来了，目光坚定地看着这一群囚犯，观察着他们的一举一动。就在这时，为首的一个犯人一眼就认出了王定国，他连忙走到了王定国的跟前大声地催促着她赶快往前走，其他犯人见这个囚头如此热情地对待王定国，也就没有人前去为难王定国和其他几个女红军。

脱离险境的王定国一路小跑来到了河边，呈现在她眼前的又是惊人的一幕。浮桥上挤满了黑压压的人群，敌人正用机关枪向浮桥射击，有的人被挤到水里淹死了，有的人被机关枪打中落到河里。一时间，河面上一片殷红。王定国非常幸运地从人群中挤到了河的对岸。就在她站在人群中四处张望的时候，一个熟悉的面孔突然出现在她的面前，这个人不是别人，正是四处寻找她的同学龚玉珍。两人见面后马上手牵着手拼命地往前奔跑，在熙熙攘攘的人流中，她们终于找到了保卫局的人马。

徐启文局长一见到王定国的身影，立即命令王定国和龚玉珍赶到前面尖山滩下，同工农兵医院的官兵一起撤离到了安全地段。

随着医院的队伍，王定国和龚玉珍两人来到了石笋塘。非常巧合的事又一次发生了，王定国偶然碰到了在巴中苏维埃学校担任副校长的张静波，他见王定国脸色灰白，嘴唇发紫，深感王定国的病情危急，连忙指示人砍下两根竹竿，用绑带扎成了一副担架，让人抬着王定国径直朝着新的目的地前行。

当王定国被人抬到青杠渡时，她再一次与原保卫局的队伍重逢了。就在她身心交瘁之时，得知所在的女子保卫连缺少干部，需要她回去负责连队的日常行动，王定国没有丝毫犹豫，起身喝了一碗酸辣汤，毅然离开医院回到女子保卫连。

经过几天风雨无阻的急行军，女子保卫连跟随部队来到了通江地区。

通江是四川省苏维埃政府所在地，时任省委书记的李文海，省苏维埃政府主席熊国炳，还有省内务部主席杨克明，以及随学校撤离到此的张静波副校长，他们得知保卫局的王定国病情仍未好转且一直发烧，大家你一言我一语地讨论开了。鉴于王定国的病情，最后一致同意王定国先到卢森堡经济公社工作，负责人郑义斋和涂德生考虑到王定国有丰富的工作经验，他们当即决定派王定国去当卢森堡经济公社的乡长，待身体复原后再回女子保卫连。在领导们的关怀下，王定国开始了她的乡长生涯。从战斗队到生产队，王定国心中有一种说不尽的感慨。

八、党员换岗不变色
情系红军心不移

王定国任卢森堡经济公社的乡长不久，就决定从基层调查研究入手，掌握第一手材料之后再对症下药，有的放矢地开展乡村工作。经过为期一个多月的调查，王定国得知卢森堡经济公社一共有九口盐井，还有一个销售门市部，除售盐外，还经营日用品、百货和布匹。面对卢森堡经济公社如此丰厚的家业，王定国心中无比喜悦，她想，只要把这些食盐经营好了，红军的生活就有了基本的保障。不过让她感到有些棘手的是卢森堡经济公社的管理工作存在滞后的现象，必须派出专门的会计人员和销售人员，王定国最终的规划得到了上级部门的理解和支持。没过多久，上级就配备了一个会打算盘、会记账的老头儿到卢森堡经济公社负责社里的财务工作，又调来十几个女孩子当售货员。经过一番精心的准备，崭新的卢森堡经济公社门市部就正式对外营业了。

在那个年代，国民党对苏区的封锁是十分厉害的，尤其对红军的食盐更是禁得滴水不漏，为了解决苏区军民的吃盐困难问题，王定国不但在管理上下了一番功夫，而且还在生产食盐的环节亲力亲为。王定国常常奋战在盐井一线，带领大伙儿加班加点地生产，为尽可能生产更多的食盐，她把原来的一班制生产方式改成多班倒，做到人歇机不歇。在她的带领下，强有力地打破了国民党对苏区食盐封锁禁运带来的不利局面。

付出就有回报，最终王定国和同志们的汗水没有白流，他们不但为苏区红军筹备了大量食盐，而且在后来卢森堡经济公社的戒毒工作中还起到了举足轻重的作用。

当时的四川到处栽种鸦片，无论是城市还是乡村，吸食鸦片烟的人更是比比皆是，那些家境贫寒的乡亲无钱购买鸦片，他们就变卖自己的土地，有的出卖他们的儿女，更让人不可思议的是有人把自己的老婆也卖掉了。如此疯狂地吸食鸦片的恶习一时间不但引起了许多经济纠纷，还造成了许多家庭破裂，有的村庄还出现了打架斗殴等诸多社会不安定因素，家庭悲剧一时在卢森堡经济公社不断上演。

面对愚昧无知的乡亲，王定国爱恨交加，又心急如焚，怎么办呢？王定国知道，自从红军建立苏维埃政权的那一天起就考虑到吸食鸦片会严重损害人们的身心健康，对扩大红军的兵员数量和提高红军的兵员质量十分不利，所以当时就专门开设了工厂制造戒烟药。面对屡禁不止的村民王定国当机立断，决定把戒除当地村民吸食鸦片的这一恶习作为自己主政一方的首要任务来抓！

在苏维埃政府制造戒烟药的基础上，王定国又马上带领大家成立了戒烟所，一方面在思想上引导大家自动远离毒品，另一方面又在行动上采取强制措施杜绝村民吸食鸦片。在软硬兼施的高压政策下，那些穷苦群众由于受文化水平的局限，依然对这些措施置若罔闻，王定国便挨家挨户地开展耐心细致的说服教育工作，做到以理服人、以情感人，通过她面对面地开展深入细致的思想政治工作，最终有效地缓解了村民的对立情绪，有力地遏制了鸦片在当地村民中的进一步蔓延，村民之间因吸食鸦片而产生的经济纠纷和社会矛盾也逐渐减少。

为了更好地实现村村户户不吸毒的愿景，王定国没有因为取得了一定的成绩而松懈，为了杜绝这种恶习，她最后又想出了一个绝招，那就是把食盐销售作为戒毒的有力工具，凡是家人有抽鸦片的，公社就不售食盐给他们吃，只有戒掉了鸦片才供给他们。这一招的出台掷地有声，因为盐这个东西是人人都离不开的，不吃盐就浑身没劲，即使最硬朗的汉子，一天两天不吃没问题，但时间一长就没辙了。要是哪个顽固分子不戒，这个办法实行后，家里人没盐吃就把他视为众矢之的，天天都逼着他戒烟，人人监督他戒烟，弄得抽鸦片的人饭也吃不成，觉也睡不成，终日不得安生，逼得他非戒不可，不戒不行，直到彻底把鸦片戒掉才算完，然后一家人兴高采烈地排着队到卢森堡经济公社把盐买回去。

这样一来，既帮助当事人戒掉了吸食鸦片的恶习，又改良了当地的社会风气，凡是前来买食盐的人们，他们说得最多的一句话就是："王定国乡长领导卢森堡经济公社的同志们办了一件大好事，让这么多抽鸦片烟的人把毒给戒了。"每当听到这些赞美时，王定国的心里总是比吃了蜜糖还甜。

就在王定国沉浸在成功的喜悦之中时，残酷的战争又一次拉响了警报，不甘心就此罢休的敌人步步向根据地紧逼，上级通知王定国和她的人马立即转移到苦草坝。第二天早上，上级派来了六艘开往苦草坝的船只。大家费了九牛二虎之力装满所有的船只，但他们用汗水换来的并不是欣喜而是失落，这六艘船只马上要出发了，原来在九个井里烧盐的工人却一个也没上船。这是为什么呢？王定国百思不得其解。在赶往苦草坝的途中，王定国边赶路边打听才明白，原来这里的乡亲们因固有的乡土观念，没有一个人舍得离开自己的家乡远走高飞。“大家一边准备枪支弹药，一边不露声色地一径前行，完成上级的命令!”王定国没有一丝犹豫，她带着几分遗憾，一边做大家的思想工作，一边动员船工将船朝着上水的方向急驰而去。

途中王定国和战友们突然遇上了当地一帮土匪，“留下你们的货物，就放你们一条生路!”土匪耀武扬威地说。临危不惧的王定国悄悄地告诉战友们：“这帮人的目的非常明确，他们只想趁战乱之机抢劫，我们靠岸后首先占领有利地形！而后一个一个地消灭!”这帮自以为是的乌合之众哪里知道王定国带的这个船队人人都是全副武装。当船开到岸边的时候，他们就非常迅速地抢占了有利地形，而后三下五除二就把这些土匪给收拾得服服帖帖。

经过一场虚惊，王定国带领的人马全都来到了苦草坝，上级见他们带来了六大船货物，希望王定国他们留在当地继续经营。得知领导意图后，王定国立即组织大家对现场进行实地考察，经过一番核查，王定国发现此处地少人稀，客流量相对较小，不适合开展销售食盐等经营活动。经过一番商讨，王定国和大伙儿还是决定把货物运到川陕省苏维埃所在地的沙溪嘴销售。王定国和同志们的意见很快得到了上级组织的同意和赞赏。她顾不上旅途的劳碌奔波，马不停蹄地带领大家把物资运到了沙溪嘴。

或许是因为过度劳累，就在王定国想坐下来歇会儿的时候，没想到病魔又一次把她请进了医院，这一次医生对她的诊断非常明确——疟疾！必须马上住院治疗。王定国又一次病倒的消息传到了领导的耳朵里，他们考虑到她的病情暂时不适合再从事艰苦的乡村工作，便让她停止了卢森堡经济公社的全部政务。

有人说能者多劳，有人说穷人的孩子天照应，王定国住进医院不久，在医生和护士的关心下病情很快就有了好转。此时红军的后勤运输工作处于一片混乱之中，加上红军在王坪总医院的伤病员有增无减，一时间前方粮食奇缺，危难之时，谁主沉浮？

组织上又一次想到了王定国，可躺在病床上的她能担得起这一重任吗？领导心里又很担忧。然而，当王定国得知组织的意图后，虽然身患疟疾还没有痊愈，她还是从大局出发，又一次拖着无力的四肢受领这一艰巨的任务，又走上了另一个全新的战斗岗位。这是一次迫在眉睫的任务——王坪总医院粮食紧缺，必须从六七十多公里外的竹浴关紧急运送过来。在这危难之际，川陕省委组织动员了几百名民工，却没一个得力的带队骨干，王定国到任后，她一方面负责组织指挥，另一方面又身体力行地参与搬运粮食的队伍之中，在她的带领下，最终历经千辛万苦把粮食安全地运到了目的地，从而及时地扭转了王坪总医院粮食紧缺的局面。完成这一艰巨任务之后，恰逢红军发起反攻，巴中保卫局又回到了巴中人民的手中。因为战争耗费了大量的军需物资，红军官兵的军需再度紧缺，为了缓解一时的困境，部队从地方调集了四百多名妇女开始筹建被服厂。在这关键时刻，上级组织又一次把目光锁定了能征善战的王定国。面对组织需要，王定国没有躺在功劳簿上讨价还价，二话不说就接受了这项新的任务，又一次投入紧张的工作之中。

王定国进厂工作的第一天，厂领导就征求她的意见，这个被服厂取个什么名字好？王定国心想，如果以一位烈士的名字命名的话，不但有纪念意义，而且还有非常好的教育意义，印象深刻的是有一个叫刘华的烈士惨死于上海的五卅惨案。经过再三考虑，她找到了负责筹建工作的肖德安、李玉兰、刘万寿、郑南芳等几位厂领导汇报，建议该厂取名叫“刘华被服厂”。

厂领导不解地问王定国个中含义是什么？王定国马上解释说：因为刘华是上海五卅惨案中牺牲的烈士，如果这个工厂以他的名字命名，既可以缅怀革命先辈，又可以鼓舞士气，调动广大干部职工的积极性。在座的各位厂领导马上同意了她的个人意见。

被服厂的厂名就这样敲定了，接下来要做的工作是进行厂领导的分工，经组织研究决定：肖德安资历相对较老，就任命他为厂长。李玉兰心细点子多，就任命她为指导员。王定国和郑南芳、刘万寿三个人都很有阳光之气，且做事雷厉风行，让他们担任连长。全厂除行政部门有极少数男同志外，其余部门全部是女同志。

为了便于管理，全厂共编成四个连队，一连做鞋，二连做衣服，三连做绑腿，四连负责工厂的伙食管理和运输及行政工作。王定国所在的队里有两个男同志，还有几个搞文艺工作的兼做些杂活，偶尔到医院慰问一下伤员。

被服厂劳动强度相对较大，四五百人要承担起全军的被服任务，厂里又没有机器，洗熨、裁和缝全是手工。机器问题可以克服，“巧妇难为无米之炊”，没有做鞋底的布，怎么办呢？就在王定国一筹莫展的时候，她想到了自己早年穿过的笋壳鞋，决定“借瓶装酒”，上山找笋壳，然后把剥开的笋壳用木板夹平或用石板压平，四周包上布边，然后一层层地贴在一起做鞋底。

说来容易做来难，因为笋壳叶上面有毛毛，如果不懂方法的话，弄到手、脸、脖子上会使人异常难受，像浑身长满了刺一样。然而，这些看似非常难的事对于在大山里长大的王定国来说，就算不上什么苦差事了。凭着多年的山区生活经验，她早早就掌握了一套对付自然伤害的方法，她现场做着示范，教大家用一块湿布，对着笋壳叶上的毛毛反复擦拭，几个回合下来，大家全部学会了。就在大家越来越有信心的时候，厂里也出台了许多严明的规定。

那个年代没有熨斗，被服做成后要平展，经过反复实践，最后全靠用木炭烧铁块来做土烙铁，如果被服上水喷多了就烫不干，放少了，烙铁往上一放就冒烟了，烧个大窟窿，稍不注意就会出问题。所以这个岗位上的工作人员必须高度认真负责，稍有不慎，就有可能受到惩罚。当时惩罚并不是扣除工资和资金，也不是要给予什么处分，而是一种非常简单粗暴的办法，凡挨罚的人都要把枪举过头顶，在院子里站上两个钟头。

"刘华被服厂"在这种艰苦的环境下生产出来的衣服，件件都是王定国他们做的，不过穿的时候却没有他们的份。他们去部队送粮食、送盐巴，自己却吃不饱，有时甚至没盐吃，就连炒萝卜菜、炒肉都要放糖。尽管如此，王定国带领的这些姑娘媳妇们还是拼命地跟着她一起干，在她们看来，再苦再累的活儿，王定国身为连长也在干，而且干了也没有多吃一粒盐，更没有多穿一件衣服，一切的一切都是为了所有一线的红军官兵，比起之前没饭吃、没衣穿的穷日子，挨打受气的苦日子，苛捐杂税的土政策，她们的心里又觉得舒坦多了。是什么力量鼓舞着王定国他们全厂四百多名红军官兵呢？在那个烽火岁月，全体红军官兵心头只有一个坚定的信念：“一切为了前方，一切为了苏维埃政权。”

第三章

坚忍不拔，王定国征服长征的杀手之锏

九、两军会合机缘美
鸳鸯巧遇互不知

1935 年 2 月，中央红军北上抗日，红军长征到达贵州。为迎接中央红军和红四方面军的会合，为即将到来的革命高潮做好充分的准备，川陕省委和红四方面军总政治部决定扩大宣传队伍。王定国灵活机智的组织能力、活泼乐观的生活态度、爱唱爱跳的天赋被剧团的领导相中，不久她就被分配到以刘文全为队长的第四剧团。

王定国原本是一个乡下姑娘，在组织的关怀下接受过几次短期培训，不过并没有任何文艺功底，也没有系统地接受过什么文学艺术专业的培训和熏陶，当她来到这个剧团时，一切都感到非常新鲜、好奇，然而当夜深人静的时候，这种新鲜和好奇的感觉却被郁闷所替代。她深深地懂得，一个没有真才实学和文艺才能的人是不能胜任这项工作的，更不能在红军长征艰难困苦的征途中给他们带来快乐和鼓舞。那怎么办呢？为了培养自己的文艺素养，她除了负责剧团的服装、化妆以及演出部门的一些行政事务之外，还主动向文艺细胞丰富的老红军请教学习，她又凭着一股子革命热情，在干完本职工作的同时，抽空到剧团里参加唱歌、跳舞的培训，有时还会上台去扮演劳动妇女等一些适合她本人的角色。在王定国的记忆深处，她最喜

欢的歌是《中国工农红军长征歌》：

十月里来秋风凉，中央红军远征忙，星夜渡过雩渡河，古陂新田大胜仗。

十一月里来走湖南，热（水）宜（章）临（武）兰（山）道（州）一齐占，冲破国民党两道封锁线，吓得何键狗胆寒。

十二月里来过湘江，广西军阀大恐慌，四道封锁线都突破，势如破竹谁敢挡。

一月里来梅花香，打进贵州过乌江，攻占桐梓娄山关，夺去了遵义府，连占黔北数十县，红军威名天下扬。

二月里来到扎西，部队改编好整齐，发展川南游击队，扩大红军三千几。

三月里来打贵州省，二次占领了遵义城，打垮了王家烈八个团，消灭国民党中央军蒋介石敌人薛岳、吴奇伟两个师。

四月里来向南进，打了贵州打昆明。四月三日下午，红军九军团到达打鼓的新场的老木孔，军长罗炳辉，政委何长工指挥伏击战。击溃犹国才敌人白辉章旅长七个团。

五月一日，中央红军干部团，巧妙渡过金沙江，浩浩荡荡蜀中行。五月二十四日，红一团大渡河天险从容过，十七个勇士姓名标。五月二十九日，红四团夺取泸定桥，打得刘文辉到处跑。

六月里来天气热，十二日翻过终年积雪的夹金山，一、四两个方面军，在懋功取得大会合。

七月里来进入川西北，黑水芦花吃的青稞麦，红军艰苦奋斗为的是哪一个，为了抗日救中国。

八月继续向前进，草地行军不怕冷，草地从来少人过，无坚不摧是红军。

九月出发潘州城，陕甘支队东北行，腊子口渭河安然过，打了步兵打骑兵。十月十九日，到达陕北吴起镇，红军两万五千里到陕北，南北红军大会合，粉碎国民党蒋介石敌人新围剿，统一人民救中国！

这首并不顺溜的歌谣让王定国唱起来，不但显得激情四射，而且还让听的人有荡气回肠之感。经过几年的摸爬滚打，王定国不但在文艺演技上有了进一步的提高，而且还在实践工作中积累了许多宝贵的经验。她和剧团的同志一道，逐步把演出内容归纳为三个部分。

第一部分是宣传红军革命战争的成功经验，创建苏维埃政权的胜利创举，号召广大人民群众踊跃支前的模范事迹，动员地方武装人员配合红军作战。

第二部分是宣传各个时期红军和苏维埃政府的中心任务，如城乡戒毒的良好做法，分配土地的喜人场景，扩大红军队伍巩固苏维埃政权的精彩片段。

第三部分是揭露反动统治阶级对劳苦大众剥削压迫的残酷罪行，提高广大人民群众进行阶级斗争的政治觉悟，从而督促他们以更高的热情和更加积极的态度投入红军的革命队伍当中。

在大家的共同努力下，王定国所在的剧团有了自己经常演出的节目，有了自己的乐队和演员阵容，她和大家一道通过歌剧、话剧、歌舞、双簧、活报剧、对口剧等“旧瓶装新酒”的演出模式，走一路、演一线，走一地、演一片。王定国所到之处，除了进行文艺演出之外，还不忘利用空余时间见缝插针到处张贴宣传红军主张的墙头标语，散发表达共产党主张的各种政治宣传单。

声名鹊起的第四剧团出色的文艺演出，不但激励了广大干部战士的积极性，同时还为红军的政治工作添上了浓墨重彩的一笔。

随着时间的推移，这个剧团慢慢发展成了红军时期规模最大、人数最多的一个文艺团体。由一个小宣传队逐步壮大发展成为拥有四个剧团的文艺团体。先后有杨忠珍、陈其通、易维精、周武功、汪显臣、赵明珍、刘文全、廖赤健、于实甫、李忠玉、李玉兰等领导在这里任过职。王定国所在的剧团得到了蓬勃的发展，上级领导考虑到原来的“工农剧社”不贴近新的形势，后来就把剧团名称改为“新剧团”。“新剧团”的成立，成为红军时期名噪一时的佳话，被红军官兵广为传赞。1935 年 6 月中旬，红一、红四两个方面军的先头部队在夹金山麓胜利会师。为了欢迎红一方面军先头部队的到来，红四方面军派出了以于洪远为代表的 12 名剧团工作人员为他们送去了文艺节目和慰问品。不久，红一方面军的中央机关和红四方面军总部在懋功会合，这是中国革命的一件大事，红四方面军又一次派剧团参加了这次会师的庆祝大会。这次大会既是红四方面军“新剧团”的一次展现才华的盛会，同时也是改变王定国整个人生的一次良好契机。

在庆祝大会的这一历史性时刻，王定国第一次见到了毛泽东、周恩来、朱德、王稼祥、刘伯承等中央领导。在后来漫长的革命生涯里，她还非常荣幸地结识了这些中国革命的伟人，并得到了他们的教益。

更让王定国终身不能忘怀的是，剧团经过两河口、毛儿盖来到卓克基，大家都在为过雪山做准备的时候，她和谢觉哉这

1958年，在第四届全国民政会议上，王定国（二排左四）及与会代表同时任党和国家领导人合影。一排左起：陈云、朱德、毛泽东、刘少奇、谢觉哉、周恩来

位革命老同志神奇般地相遇了。

这是一个吉星高照的日子，王定国和剧团的几个同志在山坡下聊天，她突然看见一位老同志手拿衣物从山坡上走下来，见到王定国，他便面带笑容走到她跟前说："小同志，要过雪山了，请你帮帮忙，把我这两件单衣合起来装上羊毛，缝成一件羊毛衣怎么样?"王定国见是一位年过半百的长者，二话没说便点头同意了，当即接过他手中的衣服，边点头边说："行，我今天就缝，明天给您送去。"老同志连忙说："那就谢谢你了，我

叫谢觉哉，就住在这山坡上，是红一方面军干部休养连的。”

第二天王定国果真准时将缝好的羊毛衣送到了谢觉哉的手中。在去休养连的路上，谢觉哉远远地看见了王定国的身影，便一边向王定国打招呼，一边迎着王定国的方向走去。

他从王定国手中接过羊毛衣，连忙说：“谢谢你，缝得很好。”接过羊毛衣的谢觉哉这时并没有转身离去，而是将身边的董必武、徐特立分别介绍给了王定国。面对这些学识丰厚的老师，王定国微笑着自我介绍说：“我是红四方面军新剧团的，名叫王定国，请前辈们多多指教！”

1958 年，王定国（右）与谢觉哉在江苏扬州

谢觉哉他们看着王定国清纯的笑脸，听着她动听而又谦逊的自我介绍，都朝着王定国点头微笑，并向她问好。王定国考虑到自己在这些前辈面前只是一个黄毛丫头，也就没有多说，寒暄了几句之后，微笑着和大家告别了。临别时，谢觉哉特地嘱咐王定国说：“小王同志，你过雪山的准备工作做得怎么样了？回去告诉同志们多准备一点辣椒，吃辣椒可以御寒。”无心插柳柳成荫，时过境迁，王定国回想当时的一幕，她当时怎么知道那就是成就她婚姻大事的一次偶然相遇呢？

十、寒风卷雪冰刺骨
翻山越岭苦为乐

送完谢觉哉的羊毛衣，王定国跟随剧团踏上了长征之路。红军千辛万苦跋涉雪山草地正准备继续北上时，万万没想到张国焘竟然与红军分裂，独自带领着红四方面军南下了。王定国所在的剧团随同红四方面军经过阿坝州南下到达天全芦山一带不久，不知剧团的一名领导犯了什么错误被抓起来了，剧团的工作由刘文全全权负责，而红一方面军在毛泽东领导下，胜利到达了陕北根据地。

恰在这时，根据上级决定，将李伯钊和中央军委文工团20余人，加上王定国所在的剧团合编成“前进剧社”，团长由李伯钊担任，政委由易维精担任，把原来四个分剧团改编成了三个分剧团。

新官上任三把火，李伯钊也不例外，她上任的“第一把火”是提升剧团人员的整体素质，针对各个演员素质参差不齐的现象，在芦山举办了一期训练班，自己亲自上阵教演员们跳“农民舞”“海军舞”“乌克兰舞”“高加索舞”；为了丰富剧团的节目内容，她还排演了相关的歌剧等不同类型的文艺节目。在李伯钊和同志们的共同努力下，剧团骨干力量又一次得到加强，水涨船高，剧团的文艺节日也得到了提升，进一步为鼓舞长征途中红军的士气打下了坚实的基础。

1936年1月中旬，红五军三十七团调到丹巴东南130余里的牦牛村阻击敌人，剧团奉命到大炮山慰问三十七团的红军战士。这时，王定国主动请缨跟随刘文全等剧团领导和其他战友，决定再一次翻过夹金山到红五军驻地丹巴进行慰问演出。出发之前剧团领导和编导收集了三十七团的许多英雄事迹，红五军三十七团是一支战功卓著的后卫部队，自从1931年10月以来，他们几渡湘江，靠着一双双铁脚板，一夜急行140里，连续突破敌人四道封锁线，最后在江南岸坚守了九天九夜，有力地保证了红一方面军安全渡江。剧团编导刘文全等人把这些收集到的素材在半天之内编成各种形式的文艺节目，第二天领着王定国和剧团的其他人员向夹金山出发了。

这是一座很荒凉的雪山，人烟稀少，野兽横行，经过艰苦行军，走了整整两天两夜才赶到大炮山脚下的牦牛村。从瞭望哨向南俯瞰，山下全是敌人戒备森严的驻军营地。敌人万万没有想到的是，红军并没有到他们的家门口打草惊蛇，而是从这座荒无人烟的雪山上插翅而过了。更让敌人难以置信的是，这支插翅而过的队伍并不是战斗连队的红军官兵，而是一支带着书生气息的红色文艺轻骑兵，他们的任务是飞临这冰天雪地的前哨阵地慰问演出。

在王定国所在的剧团还没到达三十七团时，指战员听说剧团的演职人员要冒着风雪，长途跋涉来前沿阵地进行慰问演出，全团官兵个个欢欣鼓舞，争相一睹演出队的演员们的飒爽英姿。为了迎接剧团的到来，全团上下兴高采烈，他们有的做饭，有的烧水，有的专门前往途中迎接。尽管阵地上的风像刀子一样割着每一个战士的脸，使得他们的脸蛋渐渐变得僵硬起来，手脚也被冻得麻木了，但是王定国和剧团的每一个工作人员，没有一个退缩的。

所有的演职人员都被阵地上的战友们的热情所感动，他们亮开嗓子高歌，一丝不苟地表演着精心编排的节目，激情澎湃的相声小品，不时把慰问演出推向高潮。那一曲又一曲的动人歌谣，让每一名战士热血沸腾，那惟妙惟肖、绘声绘色的戏剧表演，拨动着每个战士的心弦。三十七团广大指战员看见自己的战斗经历被编排成文艺节目，个个感到十分亲切，在场的很多红军战士激动得泪流满面，当演员们近两个小时的演出结束向指战员们告别时，他们向慰问团的演职人员表示一定守好南大门，保证主力部队平安休整。

对三十七团的红军战士来说，剧团给他们送来的不仅仅是一场文艺演出，还有一颗颗火热的心。在生死攸关的紧要关头，战士们需要沉着思考，也需要欢快的歌声。尤其是在特殊的战斗环境中，越是艰苦，就越需要文艺战士用歌、用舞、用戏剧等形式鼓舞广大官兵克敌制胜。而广大指战员英勇顽强的事迹更加激发了这些参加演出的文艺战士们的创作激情和创作灵感，汲取到了无尽的艺术源泉。

1936 年 2 月中旬，剧团随着红五军长征的脚步来到了党岭山下，为了夜晚行军途中能看清脚下的道路，王定国和剧团的战士们一道每人准备了好几个火把；为了不让剧团的任何一个同志途中掉队，王定国一个一个地和他们耐心交谈，及时了解他们的困难和意见，准确掌握剧团每个战士的身体状况，为他们加油鼓气，力争做到人人士气高昂，个个轻装上阵。

次日凌晨 3 点，红军向党岭山进发的号角吹响了，按上级规定，部队必须在当日上午 12 点以前翻过山顶。

王定国虽然没有经过正规部队的训练，体质比起正规连队的红军战士相对要弱，但在困难面前，她没有一丝畏惧，不怕天寒地冻，更不怕山高路滑的艰难险阻，为鼓舞红军战士奋勇登山，她有时要站在冰天雪地里当啦啦队，有时还会穿梭在红军战士之间大声高喊："同志们，快呀，踏进雪山不要停，停了就会冻死人！同志们快些跑，掉了队呀就不得了！"有时又要在行军的队伍中来回奔跑，为翻越雪山的红军战士反复放声高歌：

八月桂花遍地开，
鲜红的旗帜竖起来，
张灯又结彩呀，
张灯又结彩呀，
光辉灿烂闪出新世界。
你看那红军队伍真威风，
百战百胜最英勇，
粉碎了蒋贼的大围攻。
你看那一杆红旗飘在空中，
红军队伍要过冲，
保卫工农新政权，
带领群众闹革命，
红军战士最光荣。
一杆红旗飘在空中，
红军队伍要扩充。
亲爱的农友们哪，
亲爱的农友们哪，
拿起刀枪都来当红军。
八月桂花遍地开，

鲜红的旗帜竖起来，
张灯又结彩呀，
张灯又结彩呀，
光辉灿烂闪出新世界。

一路艰辛一路歌，王定国凭着自己一副清脆的嗓子，不辞劳苦地用一曲又一曲的革命歌曲去鼓舞长征途中的红军官兵，她踏着积雪，跨过坎坷，任劳任怨地为大家带去欢声笑语。她的付出自然为大家增添了几分前行的勇气和毅力。从某种意义上说，长征中的战士走了二万五千里，王定国在长征途中走的路更远。

山风卷着漫天飞舞的雪花遮挡住王定国的双眼，单薄的军衣遮挡不住刺骨的寒风，王定国每往山顶行走一步，雪山上稀薄的空气就让她艰难得喘不过气。如此艰苦的环境并没有让王定国停止前行的脚步，凭着他们所掌握的爬山经验，她十分清楚谁要是单独停步坐下来想休息一下，那这个人就很难再站立起来，不是掉队，就是因为劳累而沉睡被冻死，因此王定国和剧团的每个人都拼尽全力，相互搀扶着一步一步地艰难前行。天有不测风云，人有旦夕祸福，有的人不慎被狂风卷进山谷，有的人踩空了连人带枪跌落到了万丈深渊的雪坑。剧团老炊事班长、共产党员张德胜就是不小心滑倒在雪坑里牺牲的。王定国眼睁睁地看着老班长滑下去，顷刻间被大风雪埋得无影无踪，她唯一能做的就是失声痛哭为这位朝夕相处的大哥送行。

面对这无可奈何的一幕，指导员廖赤健饱含着深情的泪水带头高唱起了红四方面军宣传部部长刘瑞龙和李伯钊合写的《雪山行》，王定国深深地懂得，指导员的这一举动既是在为罹难的战友送别，又是在用歌声激励红军战士们继续前行！

1988年6月14日王定国得知曾任红四方面军宣传部部长的刘瑞龙去世的消息后，为了纪念他，当即写下了这样一首小诗——

悼瑞龙

追昔峥嵘岁月稠，抚今壮怀悼战友。
长征路上经忧难，兵挫祁连曾携手。
辗转张掖甥认舅，楚囚几度共戚休。
患难之交情常在，鞠躬尽瘁亦风流。

险象环生的场景一直都有，就在王定国快到山顶的那一瞬间，天上又突然下起一阵冰雹，核桃大的冰雹劈头盖脸地朝王定国那纤薄的身躯一阵一阵地袭来，浑身上下被打得青一块紫一块，她用双手捂住脑袋，把背包举过头顶充当保护伞一步一步地移动着。不管是被冰雹肆意捶打，还是被刺骨的寒风无情地摧残，王定国没有退缩一步，在她的心中只有一个信念，那就是革命一定能成功，共产党一定能胜利，穷人一定能走出阴霾。铺天盖地的冰雹肆无忌惮地肆虐完毕后，天空顿时又呈现出了万里无云阳光耀眼的一片美景，这时，王定国的微笑又一次写满了整个脸庞……

“翻过山顶马上休整。”

王定国得知这一消息，整个人马上精神抖擞，因为她知道，军令如山！部队领导的话不是儿戏，只要自己树立信心，振作起精神就能翻越这座山头，就能取得胜利！

经过几多磨难煎熬，王定国最终爬到了山顶，眼前的景象让她忘记了浑身的疼痛，喜悦之情涌上心头。在王定国的视野里，一望无际的超大的弧形下坡尽收眼底，冻得坚实的冰雪形成了一个巨大的天然滑冰场，胆大心细的人像坐滑板那样，背着自己的背包，坐在冰块上一个接着一个地向山坡下滑去。

面对天赐的良机，剧团里有些胆小的女战士刚开始还不敢效仿，王定国看在眼里，急在心里，她毫不犹豫地跑到队伍的前头，背着自己的行囊纵身一跃，如腾云驾雾般滑到了雪山脚下。在王定国的带领下，那些胆小的女红军战士个个都抢着往雪山下滑去。

革命总要有先行者，在艰难困苦面前，同样需要勇往直前的人。王定国身高不到一米五，体重不到八十斤，她没有在困难面前退却，而是一次又一次地往前冲锋陷阵，在所不辞！

在二万五千里长征中，如果处处都是这样的下坡，自然是求之不得的美事，这样一来既能减轻徒步行军的艰辛，又让人享受到了滑下雪山的快乐和刺激。

刚才滑下雪山的刺激带给王定国的是惊喜，那么接下来的又是怎样的景象呢？当她滑到山下时，突然发现山下是一个全新的世界，天然的温泉敞开温暖的怀抱正在热情洋溢地迎接着红军官兵的到来。王定国和剧团的战士们不约而同地跳进了热气腾腾的温泉，人人都在尽情地享受着大自然给他们带来的快乐，所有的疲倦、困苦都好像清洗得一干二净，王定国感觉长征路上所有的痛苦都在这一瞬间消失得无影无踪了。望着红军官兵的一张张笑脸，看着这热气腾腾的温泉，红军领导审时度势，决定借着这一独特的自然优势在这里休整几天，而后再向甘孜出发。

1936 年 8 月，在任弼时、贺龙等人的正确领导下，红二方面军几经周折终于到达四川甘孜地区，从而实现了红二、红四方面军的胜利会师。为迎接红二方面军的到来，总部动员全军赶做慰问品。王定国所在的剧团一接到这一任务，他们马上发挥心灵手巧的自身优势就地取材，有的用蔓菁（即萝卜）当纺锤，把生羊毛捻成两股细线，再合成一股粗线，而后用来编织毛衣、毛袜。没有编织工具，他们就把竹子削成粗细适宜的竹针。当王定国发现生羊毛非常坚硬时，她就设法用双手把羊毛揉得非常软和而后制作成背心，这样一来可以御寒，又显得非常精致，当红二方面军收到战友们自制的这些见面礼时，个个都感到无比欣慰和高兴。

面对兄弟部队的到来，红四方面军不但献上了王定国及剧团亲手制作和生产的衣服、粮食，同时，还为这支英雄部队派出一个演出小分队，给他们送去了丰富多彩的文艺节目。经过长途跋涉的红二方面军战士看完演出小分队的文艺节目之后，他们一个个斗志昂扬！在党中央的英明决策和周密部署下，红一、红二、红四方面军胜利大会师不久，再一次跨进了雪山和革命地的怀抱，共同走上了北上抗日的征程。

十一、三过雪山身心爽 革命信念胜于天

在红军二万五千里长征中，最艰难的要数爬雪山和过草地，这是众所周知的。那一座高过一座的白雪皑皑的雪山上，不但有怒吼的寒风刺骨，更有险象环生的崇山峻岭，一脚踩空也许就会命归黄泉。赶上空气稀薄的峰峦，连呼吸也非常困难。在整个长征途中感受不到大自然的温柔细语，即使偶尔有一丝惊喜，也将付出沉重的代价；更难感受到太多生命的痕迹，环顾四周如同死一般的世界，又有谁不望而生畏呢?!

更让人后怕的是，王定国要和红一、红二、红四方面军的大部队再一次去经历这种艰辛。这对于一个女性，特别是像王定国这样一个身材纤瘦的女性，那就更让人心惊胆战了。接到重过雪山草地的任务王定国却不这样认为，她收拾好行囊，再一次跟着剧团精神焕发地起程了。

时至今日，105 岁的老红军王定国还为当年长征中的风霜雨雪而深感震撼！没有经历过红军长征的人，谁又能想象当年红军是怎样艰难地翻越那个让人望而生畏的屏障的呢?

一支军队的胜利，不但要有运筹帷幄、足智多谋的将帅，更离不开天时地利人和的环境。当年红军带着张国焘南下分裂红军所带来的巨大伤痛，又一次选择了威胁着每一个人生命的雪山。

生活在现代的人，谁能体会到红军将士当年的艰辛！有人不禁追问，当年军备物资极其匮乏的红军到底是怎么翻越那自然条件极其恶劣的一座又一座雪山的？又是凭什么走过那沼泽遍布的草地的？从年已 105 岁的老红军王定国的身上，我们可以找到答案。王定国这位世纪老人自始至终坚信这样一条真理：只有共产党才能解放老百姓，因为共产党想的才是人民，他们的目的就是让人民从水深火热中走向幸福；只有共产党才能领导红军进行革命，只有红军才能得到人民的拥护。王定国和她的战友们在冰天雪地里翻越夹金山、梦笔山、长板山等每一座雪山的时候，就是这个坚定的信念支撑着她前行的脚步。当她和战友们到达仓德山时，她再一次坚定了只有共产党才能领导红军进行革命的信仰！

1996 年，王定国创作书画作品《强渡嘉陵江》

当年，黑山县委的同志们提醒红军仓德山翻越起来势必要比以前三座雪山更加艰辛时，王定国依然没有一丝畏惧，她跟前来为红军官兵准备干粮的同志们谈天说地，跟熟知当地地形和气候的藏族向导谈笑风生，王定国胸有成竹的坚定感动了连同向导在内的每一个红军官兵。

希望是美好的，现实是残酷的！当王定国到达半山腰，眼看着山势更加险峻了，空气更加稀薄了，气候变幻更加无常了，红军官兵上山时那灿烂的阳光不见了，半山腰上笼罩着一片片的乌云，一时间在天空中疯狂地涌动着，一阵阵的寒风如同刀子一样刺痛着人的脸，天空中飘着的绵绵细雨瞬间就在人们的眼睫毛上结成了一层薄冰。但是王定国没有退缩，她深深地懂得，前行是她唯一的选择！否则要不就葬送于风雪肆虐的严寒之岭！

当王定国和战友们爬到山顶时，浑身大汗的她和战友们一样，被冷风一吹，整个人像冻在冰库里一样，双手僵直，全身冰凉，不仅双手抓不住木棍，耳朵也痛得如尖刀刺割。

夜幕降临的时候，虽然没有再降下一片雪花，但让人无法想象的艰辛又一次降临到了王定国和红军官兵的头上。

就在红军官兵准备下山的时候，天空突然下起了暴雨，在暴雨与雷电之间，红军官兵只能从雪山上看得见的那稀疏的矮草中期盼着一丝生机，除此之外，他们找不到一处可以躲避狂风骤雨的角落，脚下更是看不到可以用来落脚的石头，唯一能做的就是朝着既定的方向奋勇前进。天渐渐地黑了，脚下的路不但陡峭难行，而且根本就没有一个可以落脚的支点，为了保住性命，连爬带滚的行走方式自然成了红军官兵的最佳选择。王定国走了一段时间后，突然意识到她以前爬过的那一座雪山又一次呈现在眼前。

红军官兵爬过仓德山山顶，走到下坡地段的时候，脚下坎坷不平不说，有些风化了的石头看上去坚硬平整，但当脚一落下，马上变成了粉碎的米粒大小的小石子，人的重心就会随之失衡。有的炊事员把随身带的锅都摔碎了，只好选着大块儿的捡回来一块，用石头垒起，把碎锅块儿放上，烤麦子充饥。有的人因为路滑不稳，四肢朝天，直接从山坡上滚到山脚下。当红军官兵历经艰险来到山脚下的打鼓寨时，大部分人都已是浑身泥浆，只留得两眼识路，人也累得东倒西歪，疲惫不堪。寨子在高高的山坡上，这里的人们个个一贫如洗，家徒四壁，红军到达时青稞尚未成熟，他们买不到一粒粮食，就在大家饥肠辘辘的时候，王定国跟所有的红军官兵一样只能四处寻找野菜充饥。

面对饥饿可以寻找野菜，面对严寒，体弱衣薄的红军官兵拿什么与之抗争呢？那就是他们心中的信念！他们坚信，只要北上就一定能够取得胜利！有了胜利的信心，就一定能够爬过最后一座雪山——打鼓山。

打鼓山和其他四座山一样，海拔也在4000米以上。应该说最后一座山是最容易过去的，因为这是一种普遍的心理作用。但是王定国和红军官兵却面临着比以往还要巨大的困难。

首先，他们的身上没有一粒粮食，只能靠野菜充饥。就算一个铁打的人不吃饭又怎么能日行千里呢？更让王定国和红军官兵寸步难行的是，打鼓寨的藏民由于受反动分子的胁迫，几乎躲避一空。山高天寒，道路陡险，身上又只穿着单衣，许多指战员都是南方人，从未经历过严寒，面对如此恶劣的天气，怎么办呢？只能和大家一样，靠吃辣椒、喝开水御寒。

当1936年7月底，王定国和战友们翻越最后一座雪山之后，他们抵达了松潘、毛儿盖，又开始了另一个新的征程。时至今日，王定国依然深深地感觉到，留在雪山的足音并没有从她的脑海里消失，还一直萦绕在她的心中，永远没有沉寂。每当夜深人静的时候，王定国老红军总会回忆起她过去爬雪山过草地的一幅幅画面，这时的她觉得过去雪山上那一串串足迹，似乎像抹之不去的一道道彩虹一样展现在自己的眼前。

十二、爬完雪山过草地 一步更比一步险

如果翻越雪山的红军没有被困境所压倒的话，这还不能说是他们长征的最后胜利，因为过草地时的艰辛才是长征苦难的开始。当人们在惊叹爬雪山的雄壮之时，你千万别忘记了他们过草地时的那种伟岸！

红军长征的部队大多是经刷金寺路口进入草地的，这一带海拔在3000米以上，不但人烟稀少，而且生活极为艰苦。在当时，刷金寺路口只有几户人家，红军的粮食非常紧缺，在当地老乡家筹集到的青稞又极其有限，一时间红军的一日三餐又一次面临着严重的困难。王定国来自农村，从小她就是在自力更生中成长起来的，所以她坚信一条：只要我王定国能找到食物，就可以填饱自己的肚子，肚子填饱了，人就一定会有力气，有力气就能走过草地。这就是出身贫困之家的儿女心中固有的纯朴信念。

望着这一望无际的草地，王定国既喜又愁，喜的是草地上有她从小就熟悉的野韭菜、野芹菜，愁的是这不着边际的草地走到什么时候才是个头。带着喜忧参半的心，王定国开始教红军战士识别哪些野菜是可以吃的，哪些是不能吃的。在她的带领下，无论是剧团的红军官兵还是兄弟部队的战士，都学会了几样识别野

菜的绝活儿，在极度饥饿的时候大家都会找来一把野菜充饥。

在纵横600里左右的茫茫草地上，除了少许野菜有时会给红军战士带来一时的欣喜之外，剩下的就是那变幻莫测的天气给他们心头笼罩着阵阵忧愁。上午还是晴空万里，行军中的红军官兵被强烈的阳光烤得汗流浃背，气喘吁吁，下午就乌云密布，红军官兵又面临着被雷电交加的暴风雨夹杂着冰雹淋成落汤鸡的厄运。

夜幕降临，气温骤降到摄氏零度以下，要是一不小心跌到草地的泥沼里，也许就再也爬不起来了，越挣扎人便会陷得越快越深，直至被泥沼吞没。所以红军官兵每前进一步，都要朝着草墩子上踩，否则的话随时都有陷入泥沼的危险。

王定国在草地里行走的时间一长，慢慢就学会了一些避开泥潭的方法，但一些无形的危险有时却让她防不胜防，譬如行军沿途的水看似清澈让人一看就想一饮而尽，但谁知这一潭又一潭的清水因长期不能流动，所以大部分都有毒，要是不知内情的人喝下去准会又吐又泻，浑身无力。

尽管红军官兵征途劳碌，衣食无着，靠吃野韭菜、野芹菜、草根、皮带等物充饥，无数指战员被饥饿夺去了宝贵的生命，但不拿群众一针一线的铁的纪律是没有一个红军官兵可以违反的。

那是发生在王定国所在的剧团里的一件事。有一天，一个名叫李荣的演员，因为饥饿难忍，把寺院内佛像肚子内藏的粮食取出来，煮了一锅饭，正准备美餐一顿时，突然被领导发现，饭没吃成不说，还被罚背水四天。

每当想到这些的时候，王定国总会久久沉默，眼睛里闪烁着晶莹的泪花，因为这是她一生中都无法释怀的，也是让她感到心有余而力不足的一件事。当一个人的生命被无情的现实吞噬时，人性的生存本能难免会淋漓尽致地呈现出来，以至于超越任何力量的约束，但是红军的纪律却高于生命，他们以严明的纪律、坚忍的意志和高尚的情操克服了自然灾难带给人们身心的巨大压力。

更让王定国难以释怀的是剧团战友的离去，这是一位非常热心的剧团战友，名字叫作汪显臣。行军路上，汪显臣成天都跟在后面唠叨着要大家“不要掉进泥沼中去”，“不要掉进泥沼中去”，还像牦牛一样常常把别人身上的行囊往自己身上驮。一天，不知什么时候他自己却陷入了绝境，而在场的人们却无法把他从泥潭中救上岸来，他的生命瞬间就这样眼睁睁地在王定国和剧团战友的面前消失了！

虽然草地上的行军异常艰苦，但也有不少苦中寻乐的事。有次夜间宿营，剧团里有一位名叫何芝芳的女红军，她因过度劳累把自己随身携带的粮食丢在一边就晕晕沉沉睡着了。不到一会儿工夫，没想到粮食被一只路过的猴子发现后，偷偷给拖走了。何芝芳一觉醒来发现粮食不知去哪儿了，便伤心地大哭起来，王定国见状，连忙把自己的粮食分给了她一部分。在王定国的带领下，其他战友也纷纷伸出了援助之手，何芝芳的粮袋子慢慢地又鼓起来了。

第二天，神奇的事发生了，没想到那只偷粮的猴子又来到了王定国所在的剧团，而且它是带着见面礼来的，这个礼物就是之前偷走的何芝芳的那个米袋。见到猴子那副顽皮的样子，剧团的李汉斌决定戏弄一下这只猴儿。他顺手拿起一支毛笔在嘴上舔，猴子看着他在舔，也拿起一支毛笔到自己嘴边去舔。一瞬间，这只猴子的嘴巴马上就如同长了黑胡子似的，逗得在场的人个个笑得合不拢嘴。

正当大家都在看着猴子被戏弄而开怀大笑时，王定国他们的帐篷和马不知什么时候陷进了泥潭，恐慌代替了欢声笑语，特别让人惊慌失措的是那匹马在泥泞中挣扎时的险象。只要马往上抬一下蹄子，它就会向沼泽陷下几厘米。在这千钧一发的危急时刻，大家决定先把马从泥潭中救出来，再去抢救其他军用物资。于是有的人站在马的前面抬，有的人站在马的后边推，费了九牛二虎之力，最终一点一点把马抢救到了前方较为安全的地点。安顿好马之后，战友们又一齐跑回了原地，迅速将即将被泥水淹没的物资一件一件地拖回了安全地段。

经过一阵忙碌，筋疲力尽的战友们多么希望能找个地方休息一会儿，打个盹儿，喝口水，可天色渐渐黑了，他们为了不再陷入泥潭，谁也不敢停止脚步，在草地中小心翼翼地择路而行。可是，前方的草地并没有遂其所愿，似乎是有意地设置着一个又一个的泥潭，让红军官兵和马匹一次又一次地深陷其中。当他们战胜了一个无情的泥潭，又在不经意中无可奈何地碰上了另外一个夺命的泥潭，来不及防备。等大家用尽全力走到安全地带时，满天的星斗也似乎进入了梦乡。

从草地里出来，经历了风雨，剧团的重要物资除了风琴没有被打湿之外，毯子、衣服及随身带的干粮全部被雨水给打得透湿，即使有时间坐下来休息，也要找来一大堆柴火，点起一堆堆的篝火，围坐四周烘烤物资。

熊熊的篝火在空旷的草地上燃烧，王定国总会感受到一阵阵的温暖，战友们的心同样也会伴随着上窜的火苗颤动着。经过 40 多天的艰苦跋涉，王定国和剧团的战友们终于走出草地，来到了班佑。当王定国看到“班佑”这两个字的一瞬间，她就情不自禁想起了前方那个地势险要的地方——包座。

一年前王定国和红一方面军北上，徐向前指挥攻打包座后就接到命令南下了。而今天又一次回到了这个曾经战斗过的地方，虽然已经过去了一年，但战争的痕迹依然举目可见。

王定国和红军长征的部队经腊子口过哈达铺，抵达岷州（今岷县）后，他们开始攻打岷州。然而令人失望的是几天下来依然劳而无功，岷州地势险峻，易守难攻。红军官兵不得不绕过岷州攻打洮州。洮州敌军几个回合下来被打得弃械投诚，自动交出了布匹、粮食和马匹。

在胜利的战果面前，红军官兵接到上级命令，决定在洮州驻扎。由于战果丰厚，加上过草地时缺少粮食，战士都是极度饥饿，当炊事班的战友煮出来一大锅一大锅的小麦、豌豆、蚕豆等食物时，一个个都开始狼吞虎咽起来。由于久日饥荒，暴饮暴食的红军战士失去了节制，到夜间休息时分，有的人肚子开始疼痛不止……

回想当初红军长征过草地的那一幕幕时，王定国总能记得剧团里女孩子多，加上年轻，几乎天天都长途行军，又累又困，行军时经常趴到前面同志的背包上，在队伍暂时停止前进的片刻，这些女红军战士站着也会睡着，一听到开步走的口令，往往就跌倒一大片。夜间行军途中，上级忽然命令原地休息，一坐下就会睡着，连雷声也惊醒不了，当第二天醒来时发现队伍已无影无踪，这些人一下子会急得满头大汗，拼命地追赶几个钟头才能跟上队伍。每当与部队重逢之际，大都会哭笑一场，而那些睡下去最后没有起来的红军战友，至今也许我们还不知道他们的名字，更不知道英灵是否已回乡，今天正享受幸福的人们，扪心自问你会有何感受？长征这一路上的千辛万苦，万般险恶，好在王定国最终都挺过来了，最后跟随大部队一道到达了甘肃省会宁城，实现了红一、红二、红四三个方面军的胜利会师。

十三、奉命西征遇强敌 血战到底不投降

1936年10月10日，红军长征胜利会师，几个方面军的战友们在一起大联欢，个个欢欣鼓舞，人人兴高采烈，大家都在为这一来之不易的胜利时刻举杯庆贺。王定国作为剧团的一员，她不但为筹办晚会献计献策，同时还为节目彩排、演出加班加点。就在她忙得不亦乐乎的时候，为了执行“宁夏战役计划”，中央军委10月25日命令红四方面军的五军、九军、三十军在陈昌浩、徐向前率领下，从甘肃省靖远县河包口西渡黄河。

还沉浸在喜悦之中的王定国和剧团的战友又一次出发了，从这一时刻开始了她西征的征途。为了执行新的任务，剧团在会宁进行了整编，把原来的“工农剧社”的三个团缩编为一个团，叫作“前进剧团”，人员减至约200人。当年负责剧团工作的李伯钊这时因病离开剧团，党总支书记赵明珍被调回陕北。

“前进剧团”的新团长叫周武功，政委是易维精，党总支书记是廖子健（女），导演任弼璜、徐以新、于士富。下面分道具股，股长苟继能；化妆股，股长王定国，副股长魏秀英；跳舞股，股长赵明英，副股长贺德珍；音乐股，股长杨万才，副股长秦永厚。还有总务股属于行政部门。人员最多的是戏剧股，一共有30多人。剧团为军事编制，相当于一个连的人马，下属

五个排，连长李文宣，营山人。一排排长彭永新，二排排长余仁，三排排长贺德珍（女），四排排长由王定国兼任，还有一个排叫作勤务排，它的职责是专门分管剧团的勤杂伙食等事项。红军长征的部队过河后开始向北发展，攻占了一条山等地。这时河东形势变化，敌人大举进攻河东，迫使部队取消了“宁夏战役计划”。

11 月 8 日，中央军委命令已过河的部队组建为西路军，向河西走廊挺进，也就是西征，接通由新疆至苏联的联系通道。王定国所在的这个剧团又改名为“红西路军前进剧团”。

过河后，剧团跟随总部行动，这时王定国的右腿不慎被流弹击伤，剧团政委易维精见到王定国右腿流血不止，连忙对其进行了救治，并把他的马让给王定国和二排排长余仁几个伤病员骑上。

领导的关怀并没有阻挡住敌人对王定国的伤害，在她随剧团到凉州时，不知什么时候右腿又被枪打伤，由于天气非常寒冷，从伤口流出来的鲜血一会儿就结成了冰，整个右腿都麻木了。由于红军医疗药品受到敌人的封锁，常常缺医少药，随行的军医没招，只好给王定国的伤口用盐水清洗了一下后，上了一点凡士林就简简单单给包扎上了。大家知道，平常人指头上扎根刺都疼痛难忍，而王定国一次又一次身中子弹，却从没有停止她前行的脚步，试想，没有非凡毅力，能做到吗？

当拖着伤残的右腿来到永昌部队营地的当天晚上，身为排长的王定国并没有因为身负枪伤而停止工作，轮到她晚上查岗时，她照例来到了岗哨前查哨。接岗的战士不知什么原因没有来换岗，王定国便站到了哨位上。不过非常遗憾的是，王定国因伤口未愈，站立了一会儿就不能挺直身子坚持下去了。就在这时，红四方面军的最高将领徐向前突然出现在王定国的哨位前：“小战士！你怎么坐着站岗呢？要是敌人摸到你哨位上的话你怎么办呀?”王定国定神一看是徐向前老首长，连忙想强行站起来，可不管怎么努力，就是无法支撑起自己的右腿，不得不坐着行了一个军礼。徐向前看出了王定国的伤情，连忙表情沉重地问道：“是右腿受伤了吗？你怎么能出来站岗呢？赶快叫人把你换下去休息。”“报告首长！我来查哨时发现一个战士该换班，却没人来接，我就替他站了。”徐向前得知原委后，连忙派人叫来一名战士换下了王定国。从他的言谈举止中王定国既感受到了领导无微不至的关怀，又觉察到了领导的些许责备。至今，那种尴尬的感受仍然在她的脑海里萦绕。

当年像王定国这样的红军战士，经常会遭受身体上的痛，有时甚至可能造成身体的残缺，王定国十个脚趾变成九个就是一个例证。因为红军长征缺衣少药，即使是最严重的创伤，医护人员也只能用盐水清洗一下伤口，在条件允许的情况下最多只能抹上一点点凡士林消炎。王定国受伤同样面临着没有好的药物治疗的现状，好在天寒地冻伤口没有感染也没有溃烂，只是右脚的小脚趾烂掉了半截，王定国成了一个只有九个脚趾头的红军。

掉皮掉肉不掉队，流血流汗不流泪，王定国正是在这样的信仰支撑下，面对掉下的脚趾，没有一滴泪水。王定国自己把脚趾断了的地方用棉花包得厚厚的，只要碰不着骨头，也就不觉得疼痛，不觉得疼痛就依然继续行军打仗。

剧团到达永昌后，红西路军部队决定召开一个庆祝大会，热烈欢迎从古浪突围出来的九军战士。为了鼓舞士气，总部命令剧团前去慰问演出。听到这一消息，王定国和剧团的每一个人都变得精神抖擞起来。但是，万万没有想到的是，在执行这次任务的途中却是万般惊险，出发没有多久，剧团的人员就遭遇到了敌人的团团包围。“准备战斗！”接到命令的王定国和剧团的全体官兵马上投入战斗之中。王定国个头不高，机动灵活，接到命令马上像箭一样抢占了一个三层楼高的土围子。经过现场勘察，王定国发现这座楼的四角都有碉堡，攻击敌人是易如反掌的事。但是，王定国深知，仅凭剧团里的十几支枪是远远不够的，不但弹药紧缺，而且参战人员也是寡不敌众，最好的办法是一边对付敌人，一边加固工事等待外援。丧心病狂的敌人不久就发现红军的软肋，因为剧团反抗的火力相当有限，还击的人也非常稀少，于是他们猜测坚守在这里的人马可能是红九军军部。在进行短暂的交火不久，轰隆隆的飞机来到了楼顶对王定国他们进行抵近侦察，飞机走后又用小炮对这栋大楼进行轰炸。一天时间过去了，剧团领导感到战情危急，必须派人增援，他们急中生智，用平时打绑腿的带子吊下了两个同志速回总部求援。

总部立即派三十军武杰（原名吴俊平）带领骑兵支援，不久一个连的骑兵来到阵地。哪知这些马匹是从敌方缴获来的，当敌人一吆喝，这个骑兵连的官兵连人带马都跑到敌人阵营去了，有的还把红军官兵掀下马鞍。部分骑兵来到土围子下面，叫剧团的红军战士快跳下去突围。三层楼高的房子，怎么能说跳就跳呢？

眼看寡不敌众，敌人的骑兵已向土围子靠近攻打，政委易维精见势不妙，命令战士们马上后撤。在这危急关头，任弼璜、廖子健等剧团领导不幸牺牲，男同志也所剩无几。敌人忘乎所以，他们在墙上挖洞，攀崖而上。

王定国见势不妙，便带领剧团的战友瞄准洞口，朝着攀上崖的敌人一个一个地进行射击。但是敌人众多，眼看着王定国他们支撑不住了，手中的弹药也所剩无几。在这千钧一发的时刻，身负重伤的易维精对剧团战士说：

“小同志们！你们不要害怕，敌人上来了也是先杀我，跟你们没关系！”

大家听了易政委的话后都感动得流下了伤心的眼泪。在这性命攸关的关键时刻，剧团领导想到的不是自己，而是下属官兵，怎不叫人感动呢？

为了抵抗敌人的疯狂袭击，王定国所在剧团的红军官兵携带的手榴弹全部打光了，只剩下几把马刀和刺刀，眼看着整个剧团危在旦夕，在实在无法突围的情况下，政委易维精脚蹬机关枪自杀了！易政委倒在血泊中不久，敌人紧跟着冲上来了，一排排长彭永新和战士肖炳荣在危险时刻表现得异常勇猛，他们见敌人冲上来，就用自己的身躯堵在门口同敌人展开肉搏。王定国人小体弱，但是面对强敌，她没有一丝退缩，与战友们一道同敌人浴血奋战，永不弃械。但是遗憾的是，僵持了将近一天的时间，由于剧团人员寡不敌众，加上平时又很少操枪弄炮，各方面都势单力薄，最后都被蜂拥而上的敌人捉走了。

第四章

智勇双全，王定国救助红军的有力之器

十四、被俘依旧忠于党 千方百计救同胞

同王定国一起被俘的有三十多人，在这三十多人中，除了当时担任剧团领导的周武功、于士富两个人之外，王定国对贵德娃子和牙狗子这两个非常机灵的小男孩印象特别深刻，其余的葛菊英、贺德珍、葛新才、石全英、戴天秀、王秋贵、黄光秀、党文秀、罗兰英、魏秀英、白太祥、宋淑华、史成英、贺淑芳、陈淑娥、李文秀、赵全珍、孙桂英、宋德珍共十九名女战友王定国都记得一清二楚。

面临着生与死的威胁，王定国想的不是她自己，她胸怀大局，一心想帮助被俘的红军战士，从她被关进监狱的那一天开始，她就担心他们吃不上饭，穿不暖衣服。

几经周折，王定国终于得知匪首名叫马元海，平时根本不把他们这批俘虏放在眼里，在他眼里剧团里的人都是一些小毛孩，对付起来简直是小菜一碟，但这个人有一样本事，那就是喜欢挑拨离间，他曾对被俘的剧团人员说："你们这些小丫头们，本来都是良家女子，为什么要跟着共产党跑？真是吃饱了没事干！"

每当听到有人侮辱共产党的时候，王定国马上就会暴跳如雷，义愤填膺地站出来说："我们都是穷苦人家的孩子，只有共

产党才会要我们这些穷人，我不跟着共产党跑还跟着谁跑呢?!"

匪首马元海听王定国这么一说，马上气得恼羞成怒，恶狠狠地训斥王定国。面对敌人的蛮横无理，王定国没有一丝畏惧，为了报复匪首的恶言，在一天深夜，王定国把敌人墙上挂的匾弄下来给冻得缩成一团的剧团战友点火取暖了。

敌人知道后，他们采取软硬兼施的办法，一方面从政治上误导剧团的红军，要他们不跟共产党走，动摇他们的理想信念；另一方面，他们在生活上也处处折磨剧团的红军官兵。据王定国回忆，在她被俘的日子里，敌人每天只给喝两次汤，从被抓之日起，从没让她吃过一粒粮，被俘虏的每一名红军官兵都饥寒交迫。

然而，不管敌人怎么折磨他们，像王定国这些年龄相对较大的同志们个个都有高度的政治敏锐性，私底下动员年龄相对较小的红军战士不要轻信敌人的谎言，一定要坚信共产党的领导，坚信红军的领导。面对软硬不吃的小红军战士，这些无恶不作的敌人又使出了新的把戏。

不久，匪首打发牙狗子、贵德娃子（那时他俩都只有十一二岁）忽然跑来跟王定国说："王大姐，这里的匪军头儿要收我们两个做干儿子，还要我们俩来找你们这些大姐姐商量一下行不行。"面对这难得的机会，王定国决定将计就计，心想要是能从匪首身边人口中探听到剧团领导周武功、于士富的情况不是一件非常好的事吗？于是她小声地询问道："牙狗子、贵德娃子，你们俩谁知道周武功、于士富被关押在哪里不?""我们知道，当然知道，他们两个人被关在外面羊圈里。"牙狗子、贵德娃子两个人异口同声地回答道。"什么？他们被关在羊圈里吗？这么冷的天，那不把人都给冻僵了吗?"王定国十分惊诧。"是的！这个天气本身就够冷的，加上羊圈里四面通风，他们的衣服又十分单薄，要是照这样下去，还不知他们能撑多久啊！”牙狗子、贵德娃子忧心忡忡地说。

“牙狗子、贵德娃子，姐交给你们一个任务，给他们弄几张羊皮，毛向里，前后背上一块，再用绑腿带裹上做成一件粗糙的皮夹背心，你俩能不能做到呀？”王定国满怀希望地望着他们两个人，用命令的口气小声说道。

“不是问题！不是问题！”牙狗子和贵德娃子胸有成竹地说完就分头去找羊皮了。王定国望着远去的两个机智而又年幼的背影，一时间心头产生了些许疑问，这两个小家伙是怎么取得匪首的信任的？每天送来的那一斤多重的大馒头是从哪里来的？他们是俘虏，为什么又可以自由出入？

生活上虽然在这两个机灵小伙的努力下可以把肚子填饱一些了，但是，御寒问题却依然得不到解决，这种度日如年的监狱生活一天比一天难过，怎么办呢？

王定国思来想去，突然想到了剧团的幕布既可以撕下来给大家包脚，又可以做成帽子给大家戴上御寒。于是她给剧团的战友们出了一个主意，让大家一个接一个假装去上厕所，顺便跑到放幕布、道具的里屋把幕布撕下来做成衣帽保暖。按王定国的主意，剧团的人都有了一件基本的保暖服饰。就在王定国和大家刚刚感受到一点点温暖时，关押他们的监狱的大门突然“哐当”一声打开了！几个身着制服的人摇摇晃晃地走过来了，又是一种不祥之兆，王定国心中又是一阵紧张。“起来，起来！统统地给老子起来！你们这些没有用的东西，我们不养你们了，把你们送走！”为首的一个长官模样的人边吆喝，边用手使劲地敲打着铁门。虎落平阳被犬欺！王定国清楚剧团的人手无寸铁，又大多年少无知，只能听任敌人摆布，于是跟着大家一起上了敌人开过来的汽车。经过坎坷不平的长途跋涉，敌人把王定国他们押送到了凉州，或许是出于人性的考虑，这次敌人把所有女俘虏全部关在一个兵营里的锅炉房里。五六天后又把他们押往西宁的关福神庙内。

西宁是国民党有着10万余名官兵的马家军的老巢，匪首马步芳见抓到了一个红军剧团，就妄图让剧团为他自己的匪帮所用，他左思右想，最后派出了他的得意门生赵永鉴当剧团的团长。赵永鉴屁股还没有坐热，就出花招强迫剧团里的红军为他们唱歌跳舞。

面对兵强马壮的敌人，王定国心里明白，在这种情况下，硬抗是不行的，于是他们就巧妙地和敌人进行着“软战”，决心一定要在这场没有硝烟的斗争中取得胜利。

当赵永鉴要剧团的红军表演节目时，王定国就告诉他说，红军战士不了解马家军的生活，编不出来，只会表演有关红军的节目，如果实在要演就只能演与红军有关的。敌人听了觉得在理，便也不再强求，为了娱乐，就点头同意了。

由于平时王定国他们的表演非常娴熟，这些匪首慢慢开始把他们当作一道“美食”献给自己的上司。有一次国民党南京政府的一个大员白崇禧来青海视察，马步芳在大厅内举行欢迎会，欢迎仪式一结束，便派王定国他们去为白崇禧表演节目。剧团中有一个名叫党文秀的红军演员，她心中装着一股对敌人的仇恨之火，为了报复敌人，在跳舞中故意把鞋踢到主席台上，在场的敌人误以为是手榴弹，连忙趴在地上，最后闹得主席台上的人个个不欢而散。演出结束后，敌人不但对每一名红军演员进行了残暴殴打，而且还把党文秀活活给杀害了。这次以后，敌人常常用活埋、枪杀等极其残酷的手段杀害大批红军战俘。

不知是天意还是人为，或者是巧合，不久，敌人觉得红军的剧团对他们有用，于是他们提出扩大剧团，并且把原来被俘的剧团成员也相继送回了剧团。

就在敌人密谋诡计的时候，足智多谋的王定国不知从哪里得知，曾留学俄国、懂几国语言的西路军政治部组织部部长张琴秋也被俘，在敌人的羊毛厂卖苦力，而马步芳登报打广告，到处搜查张琴秋。更令人担忧的是，马步芳部下的一些人经常到羊毛厂从被俘的红军女战士中挑人给他们做老婆、奴仆等。心急如焚的王定国看在眼里，惊在心中，她想，张琴秋是西路军职位最高的一名女干部，若被敌人发现肯定会惨遭迫害，必须立即想办法把她掩护起来，千万不能暴露了她的身份。

想到这里，王定国决定主动和陶万荣、陈淑娥、黄光秀等几个党员私下商量对策，最后经过商讨，大家觉得以剧团人员都是小孩子，不会做饭，需要一位年龄大一点儿会做饭的炊事员为由，把张琴秋调到新剧团来是个万全之策。

事后，王定国又和党支部召开了一个秘密会议，他们几个党员考虑到当时赵全贞因姓赵被赵养天认作干女儿，于是决定由赵全贞出面向赵养天提出要一个人做饭，从而达到掩护张琴秋的目的。不出所料，赵养天马上答应了赵全贞的要求。就这样，张琴秋就被挑到新剧团成了一名炊事员。

不久，听说剧团要解散，男的送军队当兵，女的嫁人，张琴秋又一次面临新的危险！就在这千钧一发之际，王定国又和大家一道研究如何掩护张琴秋。

最后研究决定，让杨万才和赵全贞假结婚，以组织起家庭要老妈子伺候的名义，把张琴秋要到杨万才家。在杨万才看来，这自然是一件很危险的事，但为了掩护首长，作为一个共产党员，他还是毅然接受了这一艰巨的任务。

杨万才是阆中县人，赵全贞是巴中县人，两人进行了一番商讨后杨万才向赵养天提出："我和赵全贞已在老家订了婚，要在这里结婚。"

赵养天一听犹豫了，他说他本人做不了主，要请示马步芳。

王定国知道这一消息后，认为这事得请常常陪马步芳跳舞的黄光秀、赵全贞等人去才能说服马步芳。马步芳喜欢和她们跳舞，只有她们出马，才会有事半功倍的效果。

为了对付马步芳的盘问，杨万才事先就与赵全贞统一了口径，要是马步芳问他们时该如何回答。

一天，马步芳把杨万才传令叫了过去，马步芳穿一件大褂，当着赵全贞、黄光秀、陈淑娥的面问道："杨万才，你和赵全贞在老家订了婚吗?"

"是的。"杨万才不假思索地说。

"既然你们订了婚，那就不拆散你们了!"马步芳摆出一副仁慈的面孔心平气和地说。

从马步芳家出来，杨万才就回到了工兵营。

没过几天，赵养天就把杨万才叫到了他的办公室。

"杨万才，赵全贞是我的干女儿，你们结婚的事马步芳已经同意，但必须由我操办!"赵养天命令道。

杨万才听他这么一说，心里窃喜，事后，他就和赵全贞在剧团结婚，组织了假家庭。赵养天把杨万才从工兵营调到一〇〇师师部当勤务兵。从此，杨万才就和赵全贞搬到剧团对门的三间小平房里。

既然是假夫妻，那就不会长期与赵全贞同住，而只能住在师部的集体寝室。

杨万才一个有妇之夫长期不回家的事不久就传开了，赵全贞这时趁热打铁找到赵养天说："干爸呀，杨万才经常不在家，我一个人非常害怕，我能不能请荀秀英（张琴秋化名）来给我做伴?"赵养天一见是干女儿的事，马上就答应了，从此，张琴秋就这样从新剧团搬到杨万才家暂时掩护起来了。

1937年4月间，党中央委派往西安处理西安事变善后事宜的周恩来、叶剑英等人，全力组织营救西路军被俘和流散人员。周恩来指派张文彬、刘秉林作为视察青海的国民党官员赵守珏的随从来到西宁。赵守珏是开明的国民党"行政院"官员，周恩来通过中间人委托赵守珏和马步芳谈判，释放被俘人员和停止杀害红军。

有一天，张文彬暗访剧团驻地，见到了张琴秋和王定国。张琴秋和张文彬熟悉，张文彬转达党中央的指示，要尽可能保存力量不要急躁盲动，党中央正在想办法营救大家，能争取多活着一个同志回陕北，就是为革命多保存一份骨干力量。

王定国当时不认识张文彬，后来回到"八路军驻各地办事处"，在兰州开设了红军联络处（兰州"八办"前身），他就是第一任处长。听到了党中央的声音，王定国更加信心百倍，日夜盼望着能早日重返革命队伍。后来，万万没有想到的是，与张琴秋一起被俘的叛徒供认张琴秋已被俘了，敌人获悉这一情报后欣喜若狂，他们心想这下张琴秋如瓮中之鳖，抓住她是易如反掌的事。然而在被俘的全体共产党员的努力下，敌人妄图抓获张琴秋的美梦又一次破灭了。但是，匪首马步芳没有罢休，他派人四处公开登报，贴布告悬赏捉拿张琴秋，称张琴秋是留俄学生，会几门外国语言，20多岁，等等。即使敌人一次又一次来到剧团清查，同志们团结一致，共同掩护过来了，丝毫没有暴露。

过了一段时间，敌人发现这些被俘的剧团人员内部十分团结，为了进一步控制住剧团，他们诡计多端，决定分化这些剧团红军，把剧团一分为二，采取分而治之的办法。首先他们把王定国、孙桂英等 21 人押到甘肃河西走廊的张掖县，交给敌旅长韩起功负责监管，张琴秋等 20 余人仍留在青海。

王定国他们被押送到张掖县，住在敌旅司令部的大衙门内。王定国他们共有 21 人，其中有 7 名男红军，还有孙桂英、陈桂兰、苏佩珍、蔡德贞、李玉珍、陈秀英等 14 名女红军。

敌人一见他们的面就让他们列队接受首长训话，旅长韩起功问他们说：

“共产党好还是马家军好?”

这 21 个人异口同声地说：“共产党好!”话音一落，每一个人当即就被敌旅长的手下一一暴打了一顿。在接下来的日子里更是折磨得他们苦不堪言，有时不给饭吃，有时不给水喝。

王定国走后，由于叛徒告密，张琴秋被西宁的南京政府特派员发现，他们为了单独邀功，将张琴秋、陶万荣、吴仲莲三人押解南京。周恩来知道此事后，马上把她们三个人从敌人的虎口中营救出来，并送到了延安。

在王定国所在的这个剧团里，他们得到了国民党马家军参谋绽永贵先生的关心，因为绽永贵十分同情红军的处境，不满马步芳残害红军战俘，他私下给了这个剧团许多宝贵的情报，使得剧团的红军渡过了许多难关。中华人民共和国成立后，绽永贵的事迹被党和政府了解后，他当选为山西省政协委员，最后安度晚年。

十五、深陷囹圄遇灯塔 绝处逢生又一春

王定国在张掖县的敌旅司令部的日子里，她并没有放弃为共产党服务，平时她注重细心观察，慢慢发现不少被俘红军战士被敌人强迫在机关内当兵。获悉这一消息，王定国灵机一动，心想这儿会不会有中共地下党组织呢？带着这个疑惑她开始向曾经在敌旅司令部电台工作的邱均品、蔡文良，以及在敌旅司令部参谋处工作的武杰等人打听。

经过多次接触，王定国发现武杰原是红三十军八十九师的参谋，石窝整编后到二六八团三连当战士，打安西失散后率领20余人进祁连山打游击，出山时被民团抓住。武杰当时20岁，由于身材瘦小，看起来只有十六七岁。一对无儿无女的老年夫妻花钱买通民团，偷偷将他接到家中，想要收养他做儿子。这对老夫妻先前已收养了一个小女红军。没过多久，韩起功下令，所有被俘红军一律限期押送县城。拿了老夫妻银钱的民团头子，趁武杰下地干活时，让团丁偷偷地将他捆绑起来押走。武杰被编入“补充营”，又从“补充营”被选进韩起功参谋处当勤务兵。

了解他们这些人的身世后，王定国心里有了一定的把握，在她看来，这些穷人家的孩子是想出来干一番事业的，于是她

决定向这些一同被俘的红军战士、红军兄弟慢慢地灌输一些革命道理，动员他们树立坚定的共产主义信仰，从而引导他们团结起来与敌人进行地下斗争。一些领悟较快的同志慢慢明白了王定国的用意，也知道她是一个有正义感的好人，于是相互之间有了更多的接触和更深的了解，慢慢地变得彼此信任起来。一天，一名被俘的红军兄弟悄悄地告诉王定国说："我们这些被俘的同志秘密成立了一个党支部，你知道吗，大姐?""那谁是支部书记？你能告诉我吗?"王定国迫不及待地问道。这个人连忙凑到她耳朵边，小声地说："我们这个支部的书记是正在住院的伤兵刘德胜，他是江西省宁都县人，青少年时期就热衷革命真理，带头打倒土豪温谓臣。1929 年 4 月加入苏维埃少年先锋队，曾于 1929 年 10 月任宁都县苏维埃政府少共中队长、大队长，少共梅江区参谋长。是一个对党非常忠诚的人。组织委员是邱均品，宣传委员是蔡文良。我就不一一介绍了，回头咱们慢慢了解。""那你能介绍我认识他们吗?"王定国目不转睛地盯着告诉她这个消息的人，心诚意切地问。"当然可以，我还可以介绍你加入这个地下党支部呢!"对方的问答让王定国万分欣喜。

她想，在这种血雨腥风的困境中，为了党和人民的事业，同志们还依然置生死于不顾，自觉地组织起来与敌人做如此坚忍不拔的地下斗争，这是多么值得人们赞美和倡导的一件喜事啊！想到这些，王定国一下子受到了莫大的鼓舞。于是她毫不犹豫地说："那好！我也加入这个组织!"

王定国的申请马上得到了对方的支持，后来王定国还在这个党支部中担任了组织委员。成为党支部的一员后，王定国了解到这个支部的主要任务是：团结同志、传递消息，等待时机组织重返革命队伍。一时间，压在她心头的一块石头终于落地了，她想，有这些人的努力，自己一定能早日回到红军自己的剧团的怀抱。

在与支部成员的接触中，王定国更进一步发现支部书记刘德胜是个做事有胆量，思维较严谨的人，他之所以要成立这个支部，是因为在俘虏营里遇见了三十军参谋长黄鹄显。黄鹄显私下告诉他："要提高警惕，有叛徒！"并鼓励他鼓起年轻有为的干劲赶紧逃出这个监狱。刘德胜逃跑失败，被抓回张掖北街的骆驼店监狱。这时的刘德胜意识到只有活着才能战胜敌人，于是他强装结实健壮。不久刘德胜被敌人相中并选送到敌人的"补充营"。到"补充营"不久，刘德胜枪伤复发，战友们见状纷纷替他说情，在大家的努力下，他被"补充营"的军官送到了福音堂医院疗养。在疗养期间，聪明的刘德胜找到了当时在红一方面军和红四方面军当过兵的战俘邱均品和蔡文良，这两个人当时在敌旅司令部当电台兵。三个人没事的时候总会跑到张掖城边的芦苇边谈心，通过多次推心置腹的接触和交流，三人一致认为在敌人的监狱里有几百号被俘的红军官兵，要是敌人胆敢发枪，狱友们搞个什么暴动，那绝对不成问题。可是谁来领头呢？这时三人异口同声地说出了三个字："党支部！"就这样，在1937年6月的一天，他们三人在芦苇边成立了"中共张掖地下党支部"，支部书记由刘德胜担任，组织委员由邱均品担任，宣传委员由蔡文良担任。为了便于开展工作不被敌人注意，支部书记刘德胜长期拄着双拐伪装成伤兵。邱均品、蔡文良利用掌握敌电台的有利条件广泛收集情报。每当"中共张掖地下党支部"需要刘德胜连夜赶赴兰州等地传送紧急情报时，他便立刻扔掉双拐如离弦之箭一般朝着兰州方向飞奔而去。每次赶往兰州总要花上十天左右的时间急行军，但是他从来没有畏惧过。

当王定国和武杰成为“中共张掖地下党支部”的一员后，这个支部进行了重新分工，支部书记刘德胜负责联络大街小巷的小商小贩和要饭的西路军红军党员；组织委员邸均品负责对敌电台的监视；王定国负责照看被关押在敌看守所的我党同志；其他两个支部成员配合支部工作的同时积极物色党员发展对象，吸收可靠的同志参与对敌斗争。

在支部的努力协调下，整个张掖城里城外随处可见我党的地下工作者们忙碌的身影，他们平时散布在各处，私下里宣传红军的胜利成果；宣传毛主席在陕北建立了革命根据地；宣传红军改编成了八路军，东渡黄河出师抗日的胜利消息；宣传张学良、杨虎城以民族大义为重，释放蒋介石共同抗日等红军的相关大事、喜事。越是形势紧张，越是斗争尖锐，这个支部的宣传工作就越是抓得有声有色。为了揭露敌人的阴谋，鼓舞大家的斗志，除此之外，他们这个支部还充分发动群众不失时机地进行宣传。为了减少敌人的关注，民主人士高金城还以教会的名义开展宣传工作，公开宣扬国共合作的伟大创举。一旦有紧急情况，大家又会通过单线联系，立即组成一个坚强有力的战斗堡垒，齐心协力去完成各项紧急任务。

王定国在剧团原本就担任过化妆股的股长，她每次见到刘德胜到兰州去送情报的那个劲头，就很受感染。她暗自敬佩被俘红军战士身处逆境，但仍然斗志不减，不但机智勇猛，而且还团结一致。于是，她总是尽心尽力地主动给刘德胜进行出发前的化装，有的时候给他换上一件长袍，有的时候给他戴上一顶礼帽，总之王定国次次都会绞尽脑汁把刘德胜装扮得不像原来的样子才放心让他走出张掖城。“卢沟桥事变”发生不久，国共两党不计前嫌，求同存异，从国家和人民的利益出发，最终共同走上了停止内战共同抗日的革命道路。从此，红军改编为八路军，与此同时全国一些城市先后成立了八路军办事处，也就是人们常说的“八办”。当时，兰州“八办”的主要任务之一就是营救西路军被俘的人员。虽然国民党表面上已停止内战，但对共产党仍欲除之而后快，所以，西路军的被俘红军依然处在水深火热之中。特别令人不安的是，当时西路军主要领导人陈昌浩、徐向前还没有下落，组织上要求必须积极寻找。

而在这政治风云变幻不定的关键时刻，河西走廊的马家军对共产党的控制依然特别严格，共产党员的红军官兵是很难有生根之壤的，即使见缝插针打入马家军内部的同志也站不住脚跟，他们总有一种摇摇欲坠的感觉。不过，令人庆幸的是绝处总有逢生时！

1937年8月，王定国得知吴波（20世纪80年代初任财政部部长）曾向西安的张文彬推荐了一位得力助手，名叫高金城。高金城先生既是一位爱国的基督教教徒，又是一家医院的院长。高金城1886年出生在河南省许昌市襄城县一个贫苦农民之家，早年在本县基督教堂做勤杂工，为人诚实，做事认真。后来成了一名基督教教徒，长大后于1915年毕业于开封办的医学堂。1917年，他心怀“济世活人”之志在河西走廊传教行医。他身材魁梧又健谈、好拳击、广交友，对张掖县来说，他既熟悉地理环境，又有一定的社会人脉关系，还曾在张掖开办过福音堂医院。

高金城还有一段在部队医院工作的宝贵经历，那是1922年，高金城应邀赴上海出席基督教的有关会议，返程途中经过开封，被留在当地医院帮助工作，与来院看望伤兵的冯玉祥将军相识。北伐战争开始后，高金城随冯玉祥东征，被委任为后方医院的院长。从那时起，高金城逐渐结识了一些在冯玉祥部队工作的共产党员和进步人士，譬如吴波、浦化人、吉鸿昌、余心清等人，这些人的斗争经历对高金城的政治倾向产生了决定性的重大影响，尤其是浦化人、余心清两位基督教传教士转变为信仰马列主义的共产党员对高金城的触动更为深刻。1930 年，中原大战后冯玉祥下野，高金城也离开了军队到北平协和医院工作，潜心钻研医术。更为重要的是，一直以来，他对共产党的抗日统一战线非常赞同，是一个非常值得信任的同志。当吴波提出想请他去河西走廊开展营救工作时，正在兰州的高金城非常勇敢地接受了兰州“八办”负责人谢觉哉的重托，同意到河西走廊去开展营救失散的西路军的工作，并一再表示即使赴汤蹈火也在所不辞。

1937 年，王定国（右）与蹇先任（贺龙前夫人）在兰州合影

在接下来的日子里，谢觉哉和高金城详细研究了去张掖的任务和实施步骤。党中央在关键时刻派出了西路军警卫营营长蔡光波来到兰州，得到这一连串的可喜情报，谢觉哉便安排蔡

光波同高金城先生一道去张掖开展营救工作。高金城到张掖的头一件事就是以他的名义重办福音堂医院。消息不胫而走，首先密切关注的人就是原西路军第三十军八十八师二六五团九连连长刘德胜，他被关押在张掖县敌人的“补充营”里，对高金城的到来暗地里格外开心，不过他心中也有一些顾虑，他最担心的是万一情报错误，那将给自己带来危害不说，党的地下组织一定会受到重创。为了摸个水落石出，他想方设法到高金城工作的地方进行明察暗访，最终证实了高金城为党工作的真实性和可靠性，从那一天起，刘德胜就与高金城取得了联系。

王定国得知兰州“八办”委派高金城前来张掖营救失散红军的消息后更是信心倍增，因为她知道，从这一天开始，寻找失散红军的力量又得到更大的加强。

兰州“八办”是共产党的实际代表谢觉哉在领导，派来的却是一位表面上与共产党毫无关系的“宗教人士”，这大大出乎王定国的意料。王定国心想，这样一来不但有利于支部的工作，而且对营救工作更是有百利而无一害，尤其是王定国在与高金城的直接面对面交谈中，他们相互之间有了更进一步的了解和信任，并正式建立起了秘密联系。

第五章

舍生忘死，王定国
阶级情感的真挚之证

十六、历尽艰辛救红军 终生不忘战友情

高金城和中共地下党支部营救西路军失散红军官兵的工作在一步一步有序展开。为达到更好的效果，高金城决定出面向敌旅长韩起功请求借调几名护士协助自己的医院工作。韩起功碍于高金城的面子立马答应借调王定国和余仁两名红军到医院当护士。王定国到医院工作如同为自己找到了一把保护伞，不知内情的人一看，以为她真是在医院里当护士，暗地里的工作却与护士工作毫不相关，而是专门接待来这里的西路军失散红军官兵，如果还有空余时间的话，她就会到处去秘密散发传单，四处去寻找西路军的失散红军。由于王定国有丰富的斗争经验，所以在医院的这一切行动都开展得井然有序，从来没有引起过任何人的怀疑，尤其令人欣慰的是，传闻陈昌浩曾在张掖城西南的花家寨子停留过。王定国得知这一消息后，马上就和蔡光波一起去寻找，最终证实陈昌浩已经顺利地过了黄河到达安全地带，压在王定国心头的那块石头终于落地了！

为了寻找到更多失散的红军，王定国和陈大伟、张明新两位医生秘密对外发出消息："身体不好、行动不便的红军同志，到福音堂后门敲三下，就会有王定国和徐世淑两个人接应你们。"对于那些无法联系到的红军战士，他们就用复写纸写了

100多张纸条，散发给已经寻找到的失散红军，要他们对外进行散发。纸条上写着："中国工农红军改为八路军；在兰州住有办事处，地址在兰州南摊街五十四号，朱良才同志在那里接应你们。"实践出真知，斗争长才干！就在营救西路军失散红军官兵的工作开展得顺风顺水的同时，王定国也慢慢地积累了更多的实战经验，为了找到更多的失散红军，她调整了营救方案，四处撒网，凡是失散的西路军红军官兵，不分职务、不分籍贯、不分年龄、不分远近、不分男女，一律统统寻找。在她和战友们的共同努力下，不到一年时间，寻找工作捷报频传，并得到了兰州"八办"的充分肯定。

有一天，王定国突然接到兰州"八办"电报，告知她祁连山民乐县新天区区长孙振铎家中收留了一批红军战士，孙区长和高金城是朋友，所以不愿意把红军交给马家军，一定要把红军亲自交到高金城手上才放心。高金城是官场老手，他想，如果自己出马的话势必会带来许多负面影响，于是他要王定国和陈大夫以看病为名，拿着他写的信千里迢迢去找孙区长。

虽然路途遥远，但王定国还是坚定地接受了这一艰巨任务，她与陈大夫一道经过整整五天的长途跋涉最终找到了孙振铎区长，并受到了他的热情接待。在孙振铎区长的积极配合下，王定国和陈大夫一道顺利地把这批红军官兵接回了兰州八路军办事处，又一次为寻找失散的西路军红军写下了浓墨重彩的一笔。凯旋的王定国通过这次营救，她决定举一反三，到各个十字路口、集市等人员流量较大的地方去散发一些印有兰州八路军办事处地址的传单，这样不但可以发动更多的人参与寻找，而且可以发现更多的失散红军的踪迹从而起到事半功倍的效果。在她的带动下，周边各地交通要道、繁华集市就悄悄出现了许多印有兰州八路军办事处地址的字条。通过她的这一举措，果真诸如于实甫、李开芬等许多人看了他们留下的字条返回了兰州“八办”。

在平时的营救工作中，王定国不但亲力亲为，同时她为了扩大营救失散红军的范围，还特别注重团结一切可以团结的力量，鼓励他们到处收集广大失散红军的消息。王定国的话大家言听计从，一天，一人悄悄地跑过来告诉王定国说：“在张掖县城内还有几个地下党组织。例如，以伍心政为支部书记，隐藏在社会的流动党支部；以刘瑞龙为支部书记、魏传统为副书记的监狱党支部；以吴建初为书记的张掖县机关党支部，等等。”得到这些情报的王定国如获至宝，她一一向兰州八路军办事处进行了汇报，在王定国和兰州八路军办事处的密切配合下，这批同志先后一个一个地被营救回了红军自己的队伍。

在营救成百上千的失散红军的过程中，王定国记得特别清楚并为之自豪的是营救担任过红四方面军宣传部部长的刘瑞龙的经过。这是一个炎热的夏日，张掖县县长马鹤年突然来到韩起功司令部的剧团里，见到被俘的红军女战士王定国、孙桂英、徐世淑、陈桂兰、蔡德贞等人时动情地对她们说：

“红军打高台时，是我打开城门迎接红军进城的。我曾是高台县县长，高台归甘肃省管辖，不属马家军管。你们董振堂军长、杨克明主任待我很好，把我释放回来，现在我一定要用实际行动优待你们！”

当时，王定国她们这些女红军战士谁也不敢相信他的话，大家带着怀疑看着、听着。

几天后，马鹤年又来找王定国等人，悄悄地说：“我在大革命时期就参加了青年团和共产党，大革命失败后脱离了关系，我是真心实意拥护红军和共产党的!”

马鹤年说的是实话，他在红五军攻克高台获释后，甘肃省政府任命他为张掖县县长。谢觉哉在寻找西路军政委陈昌浩时曾请贺耀祖帮忙。贺耀祖亲笔给马鹤年写了一封信，请他协助寻找。高金城到张掖后和马鹤年联合起来，马鹤年为红军失散人员的返回出盘缠、开路条，提供了许多方便。

医院党支部得知刘瑞龙等领导被关在县监狱，曾派王定国联系，但一时找不到探监的合理理由。这时，马鹤年第三次来到剧团。

“我们县监狱关押了你们几位红军领导干部，我对这些人都非常关照，但就是怕他们发现了找我的麻烦!”王定国一听，非常高兴，她之前得知时任西路军宣传部部长的刘瑞龙关在敌人的监狱里，化名成了姓“李”，但不知道具体名字，组织上派她出面营救，一直没有成功。这次机会千载难逢，王定国马上接着马鹤年的话茬问道：“我有一个舅舅，不知道关在那儿没有。”

“你去看看吧，看监的是一个何姓老头，你带上一点小礼品，或许会给你行个方便，万一不给方便的话，你就说是马鹤年县长叫你找他的。”听了马鹤年的话，王定国带上大家凑的十几块用作探监的大洋，和孙桂英、徐世淑、李汉炳三人一起来到了张掖县的国民党监狱。

“何叔，最近家里困难吧?”王定国故作关心地问看监的何姓老头。“是呀！你小姑娘有事用得上我吗?”看监的何老头一双贪婪的眼睛望着王定国问道。“没什么大事，这里有十几块大洋，也许你家里人用得着。不过呢，你得帮我一个忙。”王定国小声地说。“嘿！嘿！么事？你说来听听看。”何老头看着王定国手中的大洋，睁大了他原本眯成一条缝的三角眼，笑嘻嘻地问王定国。“我家里有一个教书的舅舅，姓李，我们好久不见他的踪影了，家里人到处找都没找着，不知道是不是你们抓错了人，我想打听一下，看我这个舅舅在不在您这个监狱。”王定国一副可怜兮兮的样子跟看监老头说。“嘿！嘿！这个嘛，没问题，你放心好了。”何老头最爱的是大洋，他眼睛直勾勾地看着王定国手中的这十几块大洋，心里痒痒的。王定国听他这么一说，马上把这十几块大洋递给了何老头，何老头立即环顾了一下四周，正好周围没有一个人，心想，眼前这个小姑娘兴不起什么大浪，更不可能有劫狱的能力。他便迅速接过了王定国手中的大洋，满口答应了王定国的要求，并把王定国领到了关押西路军宣传部部长刘瑞龙的监区。

这是一个碗口大小的探视口，王定国伸着脖子朝着监狱里清脆而又稳重地大声问道：“这里面有姓李的吗？他是我舅舅，有人看错了人，把他抓到这里来了！”王定国话音一落，一个蓬头垢面的人“哐当”“哐当”拖着手铐脚镣慢慢地走过来了。看监何老头见到刘瑞龙的身影，连忙朝着王定国问道：“小丫头，你看是不是这个人呀？”“是的，是的！”王定国立即答道。

当王定国与刘瑞龙的目光相对时，王定国一眼看清了这就是亲自编写《雪山行》那首红军歌谣并担任红四方面军宣传部部长的刘瑞龙。而刘瑞龙也一眼就认出了眼前这个机灵的小姑娘就是曾经在剧团里表现得非常出色的女红军战士王定国。有着丰富的斗争经验的刘瑞龙嘶哑地说：“我就是你舅舅‘李占魁’，他们抓错人了不是！我不过就是一个‘士读’（部队里教书的人）对不？”刘瑞龙边说边给王定国使眼色。

“是的，是的，舅舅您就是个教书的！他们怎么把您给抓进来了呢？”王定国边点头边掉着眼泪说。“家里人都好吧？”刘瑞龙突然精神抖擞地问道。从刘瑞龙那坚定的目光中，王定国知道了他语带双关的用意，便立即回答道：“我们家里的人呀，都很好，关键是舅舅您要在这里吃饱不冷，争取早日出来和大家团圆，看到您这么骨瘦如柴的一定没吃好，到时我送点吃的过来。”

“好吧！你赶紧回去吧，出门久了你‘爹娘’会担心你的。我们的身体都很好，请家里人放心！”刘瑞龙转身看了看王定国身边的看监何老头，而后语带双关地说。

“好的，您也回去休息吧！我过几天再给您送点吃的来！”王定国说完就急步离开了监狱。回到家里，她顾不上吃上一口饭，也顾不上休息片刻，就立即找组织把自己在监狱里的所见所闻一一作了汇报。经过大家的共同研究，决定让王定国带上一些手纸和一锅白粥再一次找那个看监的何姓老头前来探监。

探监时尝到甜头的王定国有了第一次的成功经验，第二次就更加得心应手了。看监的何老头见是曾经给过自己好处的小丫头，便心生邪念。“怎么又是你呢？要是被人发现了，我可是要掉老脑袋的哟，回去回去！”何老头边吆喝边把王定国往外赶。“大叔，您看，我这次又给您带来了几块大洋，承蒙您的关照，在此再表感谢！另外，我顺便还要送几包手纸和一锅白粥给我舅舅，我想这些东西都不会让您为难吧？”王定国边说边把大洋递给了何老头，接过大洋的何老头二话没说就伸出他那双肥肥的大手摆了摆说道：“快点吧！快点吧！要不下次不再让你进来了啊！”

“我找我舅舅‘李占魁’，舅舅您在吗？请您出来一下，我给您带来了几包手纸和一锅白粥。”王定国听何老头这么一说，马上就走到了探监窗口，朝监狱里喊道。

王定国的话音刚落，里面就传出了一阵清脆的咳嗽声，不一会儿，一个蓬头垢面、胡子拉碴的老头拖着他那沉重的脚镣手铐“哐当”“哐当”地朝着探监口走来了。“我就是‘李占魁’！”刘瑞龙铿锵有力地答道。

王定国循声而望，她马上认出了刘瑞龙。瞬间，王定国的泪水在眼眶里打了一个转又马上收回去了。她非常镇定地说：“舅舅，请您放心！家里的人都很好，我们最放心不下的就是您了，我这次给您带来了一些手纸，还有一锅白粥，不够的话下次我再找机会给您拿来。”

刘瑞龙从王定国的话中得知了许多只可意会而不可言传的宝贵信息，他先是保持沉默，当他接过王定国递给他的手纸和白粥后，眼看何老头没有在意，他一边给王定国使眼色，一边迅速地将自己手中的一叠潮湿的手纸递给王定国说：“丫头呀！这叠手纸我不小心弄湿了，你帮我拿回去烤干后再送过来可以吗？”

虽然王定国并不知道刘瑞龙交给她的这叠手纸里有什么价值连城的东西，但是，聪明伶俐的王定国一直记着刘瑞龙对她讲过的这句话——“丫头呀！这叠手纸我不小心弄湿了，你帮我拿回去烤干后再送过来可以吗？”

回到家里，王定国和组织领导断定刘瑞龙给的这叠潮湿的手纸一定大有文章，于是他们马上按照刘瑞龙说的把那一张张手纸烤干，接下来奇迹果真出现了，他们突然从一张烤干的手纸上发现了一行行清晰的文字：关在我这个监区的还有魏传统、董光益、刘静生、袁正明、徐宏才、张玉清、惠子明。

在那个白色恐怖的年代里，正因为有王定国这样不畏牺牲的无数红军官兵，置生死于不顾，冒着随时有可能献出生命的危险，一次又一次地闯入敌人的虎穴，履行着一个共产党员的神圣职责，不管遇到什么危险，他们从来没有退缩过，正因为有了这种不畏生死的斗争精神，才获取了监狱中大量的失散红军官兵的重要情报，为营救失散红军官兵赢得了宝贵的机遇，为一批又一批失散红军官兵回到自己队伍的怀抱打下了坚实的基础。面对生死，不但有王定国这样的红军到敌人的监狱去营救自己的阶级兄弟，每当截获到敌人的情报时，红军官兵心往一处想，力往一处使。1937 年 8 月下旬，匪首马步芳电令韩起功，把关押在张掖县监狱的八名红军领导干部，于 9 月初解往青海。译电人员把情况告诉了邱均品，邱均品如获至宝，马上把这一秘密情报汇报给党组织，并通知了高金城。

党支部接到消息马上在福音堂楼上召开紧急会议，高金城在楼下掩护，王定国在门口放哨。

党支部决定向兰州八路军办事处写个报告。报告的内容：一是被关押的红军领导干部情况；二是被俘虏和失散红军战士在当地的情况；三是“补充营”开往红水修公路的情况；四是请求中共中央迅速设法营救的申请。

报告是用高金城从兰州八路军办事处带来的密写纸写的，由高金城在上面写了买药的介绍信，蔡光波化装成买药的，把报告直接送到兰州。

刘德胜将敌人要押解八人去青海的消息转告了刘瑞龙。王定国设法凑了 20 多元法币，买了些食品送进监狱。武杰在参谋处同伙夫拉关系搞了一些馒头送进监狱。高金城和中共地下党支部的几个同志，给刘瑞龙等人送来了绑腿、碗筷、人丹和急救水等。武杰发现惠子明没有鞋穿，立即把自己穿的鞋子脱下来给他。

清晨，张掖县城被曦光裁成一幅剪影。刘瑞龙等人挤在一辆马车上出发了。马车就要从地平线上消失了，车轮上依然缠着送行者沉重的目光。

匪首马步芳在自己的私人住处见了这八个人，在场的还有他的同僚马元海。马步芳说："你们总司令要你们回去，现在国共联合抗日。"当时，刘瑞龙、魏传统、惠子明、徐宏才四人身上穿着破烂一些，刘静生、董光益、张玉清、袁正明四人穿着较为整齐。马步芳让刘瑞龙等四人去军法处，让刘静生等四人去招待处。

军法处似乎凶多吉少。晚上，刘瑞龙等人听到军刀的碰撞声，以为要拉他们出去杀害。第四天一大早，马家军一个排长骑着自行车，押他们四个人到兰州，魏传统、惠子明、徐宏才因腿部有伤骑着毛驴，刘瑞龙则步行。

中共张掖地下党支部和高金城的报告转送中央后，由朱德总司令指名向国民党当局要刘瑞龙等八人。不过，狡猾的匪首马步芳在放人的时候却要起了花招，他放一半，扣一半，致使刘静生等四人迄今下落不明。

谢觉哉1937年9月22日的日记中记载："青海的八个来了四个，扣留四个。函省府再去电。"

冬去春来，无数失散红军官兵被王定国和她的战友们不计得失，不问名利，从水深火热中救回来。王定国老红军现已105岁高龄，被她营救过的那些失散红军官兵有些依然还铭刻在她的记忆深处。像担任过国家民委副主任的胡嘉宾就是一个最为典型的例子，王定国对他的印象格外深刻。胡嘉宾当时流落到张掖一个姓杨的裁缝家里，以做衣服为掩护，王定国便化装成做衣服的顾客查访到了他的住处，几经周折，最后顺利地把他接到了兰州“八办”。

王定国更不会忘记红军营长刘开先因伤致残，在张掖城内沿路乞讨，高金城发现后，托一个汽车司机把刘开先送到了兰州“八办”。万子英被接到医院后，因腿伤严重，高金城亲自给他做了截肢手术，事后万子英也回到了兰州“八办”。

在接下来的日子里，一批又一批的红军官兵大约三百人都先后秘密地离开了张掖县城，最终因人多面广引起了敌人的怀疑，他们开始嗅到了一些气味，估计这里发生的一切都是一次又一次有计划的行动。就在这山雨欲来风满楼的时刻，王定国被敌人一下子盯上了。狡猾的敌人采取放长线钓大鱼的战略，他们决定先把王定国分配给一名修枪的敌军官做妻子，控制住王定国的身，而后通过她把更多的中共地下党员引入敌人的营地，从而达到一举歼灭之目的。

王定国得知这个消息后开始忐忑不安了，怎么办呢？经过一阵激烈的思想斗争，她最后决定亲自去找敌人的长官说明情况，于是，她单刀直入来到了长官的办公室：“长官，你好！我是一个有夫之妇，我丈夫在平番服现役，‘好女不嫁二夫’，要是嫁了二夫，这个丈夫就一辈子不得翻身！所以我不能做你的妻子，你还是另找他人吧！”王定国一边向敌长官汇报，一边到处嚷嚷着要离开部队回到家里去生儿育女。敌司令部一个姓赵的书记官惊闻此事，心存善意决定出手相助，他把王定国叫到一个隐蔽的地方小声地跟王定国说：“你要是不想嫁给这位长官，你就赶快要你丈夫写信过来。”恰在这时，吴建初、丁世芳两位同志路过平番，他们以王定国丈夫的名义，编写了一封情意绵绵的家书从平番寄给了王定国。不多日，这封“情书”很快就传到了敌长官的手里，他们便对王定国是有夫之妇一事深信不疑了，便取消了把王定国分配给修枪的军官做老婆的命令。不过敌人并没有就此罢休，他们一计不成又生一计。

一天，王副官要去兰州市采购一批货物，心怀鬼胎的敌人又想把王定国一同带去兰州，在这危急关头武杰知道了，他马上找到见多识广的高金城商讨对策。高金城觉得事态不妙，便公开将王定国带到了敌旅长韩起功的办公室。正当那些敌长官丈二和尚摸不着头脑的时候，高金城又偷偷地把王定国藏到运粮的马车中协助她逃出了敌人的狼窝，最终于 1937 年 9 月底回到了党的怀抱——兰州“八办”。

来到兰州“八办”的第二天，王定国就与“八办”的谢觉哉见面了，并在后来的日子里得到了谢觉哉的悉心照料。在回到“八办”的日子里，王定国常常会被许多事情感动，而最令她感动的就是经历过九死一生的武杰浑身虱子出现在她面前的那个场景。

在王定国的心中，武杰一直是一位智勇双全的战士，当年认识他的时候，他是在敌旅长韩起功的司令部当勤务兵，一个英俊潇洒的年轻小伙子怎么突然会落得如此地步呢？原来武杰帮助王定国从敌旅长韩起功身边脱险后不久，被敌人押送去红水的敌“补充营”。在行进途中，押送他的两个传令兵发现一个过路的人牵着一匹马，马背上驮着一大袋子鼓鼓的东西，于是两人财迷心窍，把武杰捆在树上哥俩便打劫这个路人去了，不过让人啼笑皆非的是这两个家伙偷鸡不成反蚀了一把米，他们想打劫的这个路人武艺高强，不到两个回合就把他们给收拾得服服帖帖了。当他得知武杰是红军时，不但没有伤害他，还给了他两块银圆和一些青稞，而后指着夜空那颗明亮的星星说：“你看，那颗最亮的星星是北斗星，你从这里一直往东，就能走到毛主席在兰州设立的八路军办事处，你到那里一定能找到自己的归宿。”北斗照征程，战士心向党。武杰经过三十一天的风雨兼程，最终到达了兰州“八办”，于是就出现了前面那令人心酸的一幕。

王定国在“八办”的日子里，最让她痛心疾首的一件事就是收到和自己一起在张掖并肩作战的革命战友高金城被害的消息。高金城身为党外人士，为党无怨无悔地做了许多极其艰难的营救工作，从而使得大批党的干部重新回到了兰州“八办”的革命队伍之中，然而他自己却被敌旅长韩起功发觉，于1938年农历正月初四的这一天，被秘密杀害于张掖县城，至今未能找到尸首……

不过令人欣慰的是，曾经亲自指挥杀害高金城的凶手韩起功在中华人民共和国成立后得到了应有的惩罚。在党组织的高度关怀下，高金城被追认为革命烈士，他的英名和革命事迹永远存留在甘肃省博物馆内，接受着后人的敬仰和传颂。他的妻子也受到了党的高度关注。作为高金城当年的亲密战友王定国老红军没有忘记这位患难兄弟，她对英灵的敬慕没有随着时间的流逝而变淡，她曾多次到兰州华林山烈士陵园凭吊高金城的英灵。在王定国的心中她永远怀念自己的这位挚友，伟大的高金城先生！

第六章

是非分明，王定国
身居要职的看家之本

十七、弃学为公驻“八办”绞尽脑汁救散兵

党中央派谢觉哉担任驻兰州“八办”的党代表，他早在红军长征中就与王定国有过一次“缝衣”之缘，再加上王定国在张掖县城时参与地下党营救失散红军的出色表现，他本人很早就对王定国做出过高度评价。而王定国对“谢觉哉”这三个字早已如雷贯耳，并且仰慕多年。所以他们彼此是有一些了解的。

王定国出生在四川一个贫困的山村，由于家境十分贫寒，在她参加红军之前没有上过一天学，但是她进取之心不减，从她参加红军之后，就一直有一个走进大学读书的梦想。到兰州“八办”工作不久，她就听说陕北开办了几所学校，向来求知心切的王定国决定去找谢觉哉汇报一下自己的想法，心想要是能到诸如陕北公学青训班、女子大学、“抗大”等学校学习一下，既可以增加见识，还能学到一些实用的文化知识。有一天，她就壮着胆子独自去找谢觉哉汇报了此事。可让王定国万万没有想到的是自己的想法马上被这位长者给否定了。

在谢觉哉看来，兰州“八办”自1937年7月17日成立以来，工作相对繁忙，人手又相当紧缺，如果王定国一走，人手就更为紧张了；还有另外一个原因就是王定国到“八办”工作的时间非常短，要是屁股还没坐热就马上让她去学习，在“八

办”干了很长时间的老同志心里一定会不服气，特别是如果王定国学成之后再回“八办”工作的话，对她今后的工作多少会有些不利。在谢觉哉的内心还有一个不可明说的理由是，当时党和八路军是在国民党区域里公开办公，而这个办事处又是在特务们的严密监视下开展工作的，处境十分险恶，多一个人手就多一双眼睛，多一双眼睛就多一份战斗力。如果让王定国去学习，自然对她本人有一定的好处，但对“八办”却有不利之处，个人服从组织，这在谢觉哉的心里是一条不变的革命真理。

还有一个更为重要的原因，“八办”没有一个女干部，要接触社会各方面的人，开展统一战线工作，没有女同志参与是极其不利的。另外王定国是从河西走廊回来的，西路军的流散红

1937年，王定国（一排左二）、谢觉哉（一排左四）在兰州“八办”

军正陆续返回，只有熟悉情况的人来负责接待工作，才有可能把寻找失散红军官兵的工作做得更加有声有色。

凭着谢觉哉几十年的实践经验，在他个人看来，一个人的成长进步既靠去学校学习文化知识，又靠在社会实践中学习社会知识。基于种种原因，谢觉哉最终把王定国申请去上学的事给否决了。面对谢觉哉的直言，王定国有些许失落，后来经过领导多次谈话，王定国还是心服口服地服从了党组织的决定，安心留在了“八办”。

“八办”的工作开展是十分艰难的，人少事多，方方面面的事聚在一起让人有点杂乱无章的感觉，而每一项工作，要是不够小心谨慎，又有可能带来不可估量的重大负面影响。

经过一段时间的磨合，王定国处理日常工作慢慢变得游刃有余了，不久就得到了党代表谢觉哉等“八办”领导的充分肯定和认可。谢觉哉对王定国的良好表现也是看在眼里，记在心里，他为了满足王定国要求学习的良好愿望，决定牺牲自己的部分业余时间，手把手地教王定国学习书本知识。在谢觉哉的亲自带动下，“八办”的其他同志也纷纷前来帮助王定国进行文化知识的补习。面对此情此景，谢觉哉看在眼里，喜在心头。王定国勤学好问的求学精神在“八办”上上下下传开了，她更进一步地得到了谢觉哉的充分肯定和赞扬。更让王定国感到幸福的是，在组织的关怀下，她后来成了谢觉哉的夫人。

王定国的出色表现赢得了党组织的绝对信任，换来了自己的终身伴侣，得到了同事的高度拥护，更让人欣慰的是，在她的努力下，成功地协助谢觉哉完成了在兰州的统一战线工作。

国民党原甘肃省主席贺耀祖和毛泽东青年时期有过交往，和谢觉哉也是故交，大革命时期谢觉哉还曾帮助过贺耀祖参加北伐。当时党中央和毛主席要求团结贺耀祖共同抗日，便派谢觉哉来兰州开展统一战线工作。王定国就主动隔三岔五地去拜访贺耀祖的夫人倪斐君，有时跟她谈天说地，还跟她打几圈麻将，有时又给她露几手厨艺，一来二往，两个人之间就有了一定的情感。加上倪斐君和王定国一样都来自贫困乡村，在当时属于下层社会，自然也有许多共同的感受，日久天长，两个人之间感情日渐深厚。王定国趁热打铁在她面前流露出一些共产党人的进步思想，从而潜移默化地影响到了这个国民党高官的太太，不久，她就向王定国提出要加入共产党，到延安参加革命的要求。

见此情形，王定国把这一情况报告给了谢觉哉，谢觉哉和党组织认真研究之后，他们决定从长远利益出发，让倪斐君留在敌人内部作为眼线。王定国对倪斐君晓之以理，动之以情："大姐，你留在大后方可以发挥更大的作用。你身为妇女月刊社社长，对推动甘肃省妇女解放，积极支援抗日战争有百利而无一害。"

王定国最终感染了倪斐君，使她留在了社长这个岗位上。王定国除了要为党开展统一战线工作之外，兰州八路军办事处里那些同志们的衣、食、住、行等内部事务，还有一些行政工作同样离不开她。在那个特殊时期，兰州八路军办事处是党中央与苏联往来的主要通道，很多过往人员在此换乘飞机或汽车都需要办事处接待、安排。在高峰时期办事处有近 60 人食宿。由于经费紧张，同志们的生活都很艰苦，要改善大家的生活，保证大家的身体健康，在那个物资紧缺的年代不是一件容易的事。

王定国日复一日地忙碌，有时令她喘不过气来，在她内心深处，也期待着能有几个帮手。一天听说兰州收容站来了两名西路军的失散红军，王定国便马不停蹄地跑过去打听。当她来到收容站时，一下子惊呆了，原来这两名失散红军竟然是她日思夜想的老战友柳秀英和罗秀英，一时间，三位女红军激动得一会儿相拥而泣，一会儿又开怀大笑。

不管是做统一战线工作，还是做营救失散红军的工作，王定国件件做得有条不紊。尤其令人们敬佩的是，王定国对曾经一同战斗过的战友更是满怀深情，在高金城不幸牺牲后，王定国费了九牛二虎之力最终找到了他在兰州开办助产士事务所的妻子牟玉光，只要她有一点时间，就会主动跑到事务所看望，牟玉光忙得不可开交的时候，她还会帮助牟玉光打理一下助产士工作。当牟玉光碰到困难时，王定国还会想尽一切办法解决难题。在王定国无私的感召下，牟玉光和王定国便成了好姐妹。在牟玉光力所能及的情况下，她也协助王定国为“八办”做了许多迫在眉睫的重要任务。特别是在过往人员和西路军失散红军返回人员多时，牟玉光总是腾出自己事务所的房间给这些红军和他们的孩子居住；把给那些国民党官员的太太接生时了解到的重要情报及时地转告王定国，如被秘密关押在监狱中的女红军华全双和第三国际的林坚，就是牟玉光探听到消息后秘密告诉王定国的。

营救西路军失散人员是兰州“八办”的日常工作之一，他们曾创下过整团的红军集体返回的可喜成绩。匪首马步芳手下有一个独立团，这个团的大部分人员都由被俘虏的红军编成，在分配任务的时候，马步芳非常偏心，凡是又脏又累的活儿，就全部分给他们这些人干。更让人气愤的是，抗日战争爆发后，马步芳竟然将这个团的大部分红军战士移交到了卫立煌所属部队。这个团一到兰州市的卫立煌部队，谢觉哉就立即派王定国前去探听消息，大街小巷寻找失散的红军官兵，转达党中央对他们的关怀，尽量争取他们当中的大多数迅速回到自己部队的怀抱。

一天，王定国正在街市上行走，突然见到了两张熟悉的面孔，定神一看正是老战友席天明和赵元德，她悄悄接近了他们，并尾随其后轻轻地喊了一声：席天明！赵元德！这两个人回头一看，见是早就认识的王定国，大家心照不宣地来到了一个十分偏僻的巷子里，这时，王定国连忙小声地把兰州八路军办事处的详细地址告诉了他们，并动员他们相互转告。没过两天时间，席天明和赵元德他们便找到了兰州八路军办事处，谢觉哉接见了他们，吩咐他们尽快回到八路军的队伍之中，积极宣传国共合作，鼓励他们共同抗日，只有大家团结一心才能达到目的。

就在席天明和赵元德所在的团突然要离开兰州开赴西安的关键时刻，他们冒着生命危险第一时间把这一消息报告给了谢觉哉。得到这一可靠情报的谢觉哉连忙亲自给西安八路军办事处的党代表林伯渠、处长伍云甫发去电报，通报了该团的实际情况，希望他们在陕西境内使该团返回延安。在西安、兰州两个八路军办事处的共同领导下，该团全团人员坚决斗争终于集体造反，最终返回了延安。据王定国回忆，通过席天明和赵元德的努力，在兰州八路军办事处直接领导下，这一次就营救回西路军失散红军1500多人。

王定国在营救西路军失散红军时，只要有百分之一的希望，她就会尽百分之百的努力。有一天，她得知兰州东岗飞机场也设有关押西路军被俘人员的集中营，便第一时间跑过去与国民党当局据理力争，要他们立即释放失散红军。兰州八路军办事处得知消息确切后，也立即派出了以彭加伦处长为代表的慰问团前去慰问，并给大家做思想工作，欢迎他们回到自己的队伍当中，临别时，还给他们发放慰问品。这些被俘的红军官兵感受到了党中央的热切期待，感受到了党中央的温暖，在被押往西安的途中，几百人从平凉县附近的一个小镇上不约而同地跑到了八路军办事处。巾帼不让须眉！妇女独立团的李开芬得知这个消息后，也带着沈秀英从凉州逃到了兰州，找到了兰州八路军办事处，并留在办事处工作。徐以新、武杰、何兰阶等许多当时走散的红军骨干，历经千难万险来到兰州，同样找到了“八办”，从而回到了自己分别已久的队伍。尤其让人欣慰的是，通过王定国和兰州八路军办事处工作人员的共同努力，还为甘肃省工委书记孙作宾，以及郑重远、罗杨实、罗云鹏、吴鸿宾、刘南生、李铁轮、王实先、赵子明、杨静仁等地下党员开展工作起到了举足轻重的作用。这一中共地下党组织为了防止特务的监视和破坏，他们平时从来不与“八办”公开来往，常以卖豆浆、豆腐为掩护的赵子明，借给“八办”送豆制品的机会，往返传递党的指示、文件和汇报材料。

尤其值得一提的是，为了提高大家的政治觉悟和理论水平，“八办”党代表谢觉哉和伍修权还专门为甘肃省工委举办了党建训练班，专门抽出时间亲自为同志们上党课。此后，甘肃省工委在抗战时期做了大量的革命工作。然而，让人震惊的是，没想到甘肃省工委后来遭到了敌人残酷的迫害，他们当中的罗云鹏和林亦青两名同志还献出了宝贵的生命。特别让人为之惋惜的是，就是这样一个为党的事业忠心耿耿浴血奋战的地下工委，却在延安整风期间，竟被康生诬为“红旗党”，全被认定为特务，大批成员被关押，孙作宾三年后被放出来时头发都掉光了。兰州“八办”为发动各界坚持抗日、坚持进步运动，还与甘肃省国民党的邓宝珊、邓部的杜汉三旅长、甘肃省政府秘书长丁宜中、外交特派员李铁铮、民政厅厅长施奎龄、教育厅厅长罗贡华及马鸿图、水梓等这些上层人士建立了非常友好的私人情感，在他们的大力支持下，我党的抗日事业取得了非常可喜的进步。

兰州“八办”在对外争取国民党上层人士的支持的同时，为了抗日战争的彻底胜利，丰富进步青年的文化知识，提高他们的自身素质，对内加大了对这些进步青年的扶持力度，一方面对他们进行深入细致的思想政治工作，讲透彻抗日的道理；另一方面，组织许多进步青年去“抗大”学习。兰州“八办”在6年时间里，由于他们骄人的成绩，周恩来曾说：“这两个办事处（西安、兰州）是党中央领导的革命接待站，战斗火种的传播台。”熟悉他们的人则说这儿是“红色堡垒”。

在兰州“八办”工作的近两年时间里，王定国不光收获了爱情，同时还学到了许多过去从未接触过的知识，做了许多有利于党和红军的工作。伍修权在一篇回忆文章中曾这样描述王定国在兰州八路军办事处的工作：王定国同志当时才二十来岁，文化基础相对而言是非常差的，可是在谢觉哉的直接帮助和影响下，从文化水平到政治水平都有了迅速的提高。她不仅在办事处负责行政事务和生活管理工作，还根据谢觉哉的指示，积极参加对外的统战工作和营救失散西路红军战士的工作。按照分工，她主要从事妇女界特别是与国民党上层人士的家属进行联系。她作为一个农村出身的女红军战士，很快学会了一套同妇女界名流乃至国民党官僚的太太小姐们打交道的本事，以自己的热情和纯朴感染了她们，并通过她们去影响各自的姐妹或父兄，使其了解和赞同我们党的政策主张，支持抗日活动。在王定国同志的积极工作下，不少妇女界名流和太太、小姐被她说动了心，有的还把她当作自己的可靠朋友和引路人。

在兰州“八办”成立50周年之际，王定国曾特地写了这样一首小诗缅怀当年的峥嵘岁月：

艰难历程苦追忆，峥嵘岁月谈何易。
洒泪且作砚中墨，灯下激挥春秋笔。
休戚相关是同志，生死与共唯烈士。
革命传统不能忘，今日当书英雄史。

十八、有惊无险返家园 任劳任怨献热血

1940 年 3 月王定国随从苏联回国的周恩来和邓大姐以及蔡畅等人由兰州到延安，和先期抵延安的谢觉哉会合。经六盘山、平凉等地去往西安的途中，发生了让人不知所措的一幕。当周恩来的车进城时被国民党哨兵拦路盘查，王定国一下子紧张了，因为车上装了不少武器，要是被国民党的哨兵查出来那就麻烦大了。就在她坐立不安的时候，周恩来对着哨兵训斥道："我是你们政治部主任，你们要查什么呀?"听周恩来这么一说，几个哨兵立即就放行了。

在周恩来的亲切关怀下，王定国回到了谢觉哉身边，她并没有沉浸在儿女情长里，把孩子们安顿好之后，第一时间便进入中央党校 36 班学习。在学校学习期间，王定国抓住点滴时间，除了上课认真听讲之外，还经常利用课余时间补习文化知识，做到不留下一个问题过夜，不留下一个难题毕业。学有所成之后，她回到了谢觉哉身边从事文件收发工作。她非常关心身边的青年同志，常常对他们做一些有针对性的思想教育工作，如果看到谁在生活上有什么困难，王定国一定会及时雪中送炭，让他们感受到革命同志之间的温暖。在谢觉哉身边工作的时间长了，不知不觉就感受到了自己与丈夫之间在文化知识方面的

差距，她立志一定要加强丰富自身的文化知识。

1941 年年初，组织上从工作出发，又先后两次送王定国到延安女子大学等学校补习文化课程。学有所成的王定国毕业回来后服从边区政府安排，继续负责收发文件和档案管理工作，同时兼任谢觉哉的秘书。这一工作持续到 1942 年 9 月，时任陕甘宁边区参议会副议长的谢觉哉身边分派了一个名叫吴谦的秘书，所以王定国就被组织调整到了参议会，这次她负责的是行政管理工作。为了保证参议会的工作正常开展，王定国不但在行政事务上做到井然有序，在衣、食、住、行等后勤保障方面，也做得面面俱到。

当时，边区经费紧张，工作条件有限，需要做的事情又非常之多，王定国了解到这一实际情况立即制定了“用极少的钱，办更多的事”的原则。为了实现这一原则，她坚持身先士卒。尽管当时王定国还带着两个孩子，她还是坚持白天同大家一起建设边区，亲自动手修房子、挖防空洞、修路、种树、绿化环境等；每当夜晚来临的时候，她又忙碌在麻油灯下为两个小儿赶做新鞋。这样一来她不但完成了本职工作，也解决了单位和家庭的许多实际问题。1944 年 8 月，在边区一次山洪暴发后，

1945 年，王定国（右）和谢觉哉在延安合影

王定国不顾家庭的贫困，把家里的柴米油盐等东西全部拿出来贡献给了灾区。

由于国民党反动派的封锁，边区的物资供应十分困难，连吃饭和穿衣都成了问题。为了打破国民党的封锁，毛泽东提出了“自己动手，丰衣足食”的伟大号召，从此边区广泛地开展起轰轰烈烈的大生产运动。因为王定国来自农村，有丰富的农业生产经验，同时，贫困的生活又锻炼出了她排除万难的勇气，所以王定国在边区成了一个多面手。在和大家齐心合力艰苦奋斗的过程中，做出了令人欢欣鼓舞的骄人业绩。边区没有菜吃，她就和大伙一道，开荒种粮、种菜，饲养家禽。在他们的共同努力下，最后王定国他们用自己的辛勤劳动和汗水种出了重达8公斤一棵的白菜，还有碗口大一个的茄子。一时间，边区鸡鸭成群，肉猪结队，大的一头肉猪重量达到100多公斤。

在成绩和荣誉面前，王定国没有骄傲。当时边区印刷用的油墨奇缺，她便动员大家一道到处收集烟灰，加入蓖麻油进行熬制，经过反复的试验最终生产出了既经济又适用的油墨，从而有力地保证了印刷厂的需求。部队缺少棉毛线，她就和大家一起纺织棉线和毛线，为战友们织布、织毛毯和毛衣。部队缺少酱油、醋，王定国就带领大家生产出了味美价廉的酱油、醋。她带领大家生产的这些产品有的由边区合作社和物资局收购，有的还换来了毛毯、布匹、皮毛筒子等生活用品作为部队的战备物资。

在那个艰难困苦的年代里，王定国凭着聪明才智和勤劳的双手，取得了非常突出的成绩，非常荣幸地被选为陕甘宁边区劳动模范，并受到了毛泽东、刘少奇等中央首长的高度赞赏，获得了一面毛主席亲自题字的锦旗。王定国手捧着毛主席颁发给她的这面“再接再厉”的锦旗，一时间热泪盈眶。

1945 年日本投降，在王定国和全国人民一样都沉浸在打倒日本帝国主义的伟大胜利的喜悦中时，没想到国民党反动派发动了内战，王定国和边区军民投入了一场新的战斗之中。

1946 年，根据王定国出色的工作表现，为了进一步开展群众工作，时任边区妇联主任的白茜一纸命令将王定国调到了延安市担任妇联主任。新的岗位，新的任务，王定国在斗争形势千变万化的环境中，要检查、了解当地妇女工作情况，同时要把妇女们动员起来做鞋、织布、参战、种粮，还要组织代耕队，挨家挨户为那些家中没有劳动力的人家代耕生产；除了进行生产，王定国还要组织妇女们站岗放哨，防止敌人破坏。

中共中央为了更好地加强国家法制建设，于 1947 年 1 月成立了由王明、谢觉哉、何思敬、李木庵、陈瑾昆等五人组成的中央法制委员会，其任务是起草宪法和各种法律。组织上为了更好地开展工作，特地将王定国调回参议会任支部书记，其主要任务是调动一切积极因素，动员组织力量以保证法制委员会工作的完成。

然而就在这节骨眼上，没想到国民党准备进攻陕北边区，1947 年 1 月，大家都紧急动员起来，搞坚壁清野，一个接着一个地往真武洞转移。

当年 3 月 7 日，中共中央决定法制委员会一起往东撤离。接到撤离命令的王定国除了把谢觉哉的日记、文件和孩子们带走之外，其他许多东西只好丢弃在真武洞，等人员全部撤出后，他们把真武洞给封得严严实实。

1947 年 4 月中央法制委员会总共 100 多人全部东撤到了山西省的后甘泉村。经过短暂休整，从当年 5 月开始，王定国在后甘泉村参加了由王明负责的“土改”工作，由于王明思想观念偏“左”，从而导致了很大偏差。

其表现是，首先，后甘泉村只有100多户人家，划成地主、富农等成分的人竟占当地人口的45%～50%之多。其次，在“土改”工作中，工作人员的方法简单粗暴。譬如他们对像地主、富农那些成分不好的人，不是进行残酷的殴打，就是将他们赶出家门，无家可归的他们从此居无定所，只好流落街头。尤其让人不可思议的是，慢慢发展到进行“土改”工作的人员内部必须对每个人的祖宗三代进行清查，像那些家庭成分属于地主、富农的人，个个都必须靠边站。一些没有斗争经验的知识分子，过分听信王明的指示，干劲十足，思想偏“左”，唯恐人家说自己不革命，所以对当时少数成分不好的村民进行了一些不切实际的批斗工作，严重影响了党在人民群众中的形象和地位。对此，王定国看在眼里，急在心头，她私下和丈夫谢觉哉商量应对措施。“王明同志他不了解中国的基本国情，中国是穷人多，我要和王明过黄河回去找毛主席汇报情况，这样下去不得了。”谢觉哉的话语不多，但是王定国听后心里非常踏实，在她看来，谢觉哉的政治敏锐性是非常强的，办事能力是不用怀疑的，他既然说了就一定会去找毛主席汇报。不出所料，不久的一天清晨，谢觉哉和王明果然到神泉堡向毛主席汇报了中央法制委员会的工作和宪法起草情况以及“土改”中出现的相关问题。

正义总是紧跟真理而行的！谢觉哉对“土改”工作中发现的极左的一些具体情况，实事求是地向毛主席作了全面的汇报，赢得了毛主席的信赖，最终毛主席同意了他的个人意见。事后，党中央经过认真细致的研究分析，最后决定立即纠正“土改”

中的过“左”行为。在纠正的过程中虽然困难重重，但是王定国还是跟着丈夫谢觉哉亲力亲为。一位烈士生前是一名团长，因王明不注重了解实际情况，对这名团长三代人的成分清查时，他们二话不说就抄了烈士的家，挖了烈士的坟，砸了烈士的碑。王定国知道此事后，马上和谢觉哉一道，带领当地人民群众给这位烈士重建了新坟，重新立了碑。王定国从安抚这名烈士团长入手，用自己善良的行动，给了后甘泉村人民群众一个满意的答复，从而赢得了后甘泉村人民的心。在大家的努力下慢慢消除了“左”的思想给当地人民带来的不良影响，有效地促进了“土改”工作的健康发展。王定国在后甘泉村的一年多的时间里，给当地人民留下了非常深刻的印象。

1948 年 5 月，王定国随中央法制委员会来到了河北平山县，党中央在西柏坡开始筹划成立华北人民政府，谢觉哉当选为司法部部长，王定国担任了谢觉哉的秘书。这时，她一方面动手筹建机要科，另一方面又建立文件收发和档案管理等制度。王定国这一未雨绸缪的创举后来为国家司法工作的顺利开展、为进驻北平打下了坚实的基础。

十九、特殊照顾夫不满 身居要职树丰碑

1949年2月13日，随着北平的解放，王定国跟随司法部一同搬进了北平。在王定国看来，法律工作是神圣的，要维护国家法律的尊严，就必须做到秉公执法，在生活中做到严谨求实，在学习中做到精益求精。

春暖花开，北平的天空一片蔚蓝，王定国和王乃堂、李洪三一道早早地来到了北平的第一监狱，他们此行的目的是接收第一监狱关押的包括精神病患者在内的90多名犯人。

经过调查了解，这所监狱以前是国民党的监狱。这些犯人中，有的是为了维护正义而被国民党关押的，有些是精神病患者，有些是打架杀人的犯罪分子，为了尽快把无辜人员放出来，王定国倡议立即组织一个专门的班子彻底清理相关案件。经过半个月的努力，她和同志们一道对这90多名犯人的案卷进行了一次全面的审查，全部释放了那些拥护自己队伍的同志，对其他犯人和精神病患者，她和其他两位同志一道经过认真的核查研究，建立了正常的管理制度。

刚刚进入北平，司法部的工作人员非常紧缺，加上当时谢觉哉部长又没有配备其他秘书，其秘书工作和生活料理自然而然全都落在王定国和两个警卫员身上。白天王定国在监狱工作，

晚上回到家里的头一件事不是吃饭休息，而是要帮助丈夫谢觉哉处理当天的司法文书，任务繁重的时候，王定国忙到深更半夜还顾不上吃饭，这样的情形一年三百六十五天几乎没有间断过。

1949年10月1日，中华人民共和国正式成立了，谢觉哉改任中华人民共和国内务部部长。这时，组织上任命王定国任内务部党组秘书、谢觉哉秘书以及机要科科长。在国家各个行业百废待兴的时刻，面对国民党留下的这个烂摊子，加上全国各地每天接踵而来的灾情报告，王定国按捺不住了，她一边在内务部精耕细作建立文书收发、档案等科室，安排专人日夜接收电报，一边对机要科的工作人员跟踪管理，动员大家各司其职，各尽其责。

由于王定国和她所在科室的同志们高度的政治责任心和认真钻研的工作精神，她负责的工作效率相对较高，差错和失误也非常少。更让王定国欣慰的是，由于她工作有方，在受到了政务院的表扬的同时还被周恩来总理树为标杆，组织中央其他部门的干部群众到内务部参观学习王定国的文书档案管理和处置经验。更让人感动的是，为了更好地适应国家机关工作，提高自身文化修养，她在完成繁重的工作任务的同时，从来没有放松过业余学习，一有时间，她就自觉地去补习文化知识，对不懂不会的问题，要么请教丈夫谢觉哉，要么向单位的领导和现同事们请教。

中共中央1951年派出以谢觉哉为团长的一个访问团去江西、福建等革命老区根据地慰问、看望曾经为中国革命做出巨大贡献的当地人民群众。当时正值夏天，江西天气较热，因为谢觉哉出门时北京天气相对还比较凉爽，他身上还穿着厚厚的灰布制服，稍微运动一下，全身就会大汗淋漓。工作人员看在眼里，急在心里，心想要是这位老先生捂出个什么毛病，岂不是麻烦？于是特地为他做了一套绸子衣服。谢觉哉知道了这套衣服的来历后，心里总是不踏实，他私下对王定国语重心长地说："定国，你们做的这件事不合适，天热不是热我一个人，大家都热，为什么对我要特殊照顾呢？享受规定外的东西，这样影响不好。这套衣服的钱要由我自己来出，从包干的小米金额中扣除。"谢觉哉的话掷地有声，王定国丝毫没有懈怠，最后严格按照谢老指示从其个人福利中扣除了所有费用。

通过谢觉哉不同意享受特殊照顾一事，王定国的思想受到了很大的触动，以至于在日后的工作中她时刻以"办事公道"作为她的第一原则。在接下来的"三反""五反"运动中，内务部突然传出一个奇特的"麻雀告状"事件，事情是这样的：内务部机关有位工作人员，她的对象原来是国民党的一名空军军官，临去台湾前，给她留下了一件空军部队用过的物品。因为开展"三反"运动，她心里非常担心交出这件物品会给她带来灾难。但是，放在身边，又怕别人发现了给她带来麻烦。经过强烈的思想斗争，她决定私下让单位的同事缪鸿昌同她去上交给组织。缪鸿昌也顾虑重重，最后两个人都不敢交，于是想了一个办法，撬开了床下的一块砖，把东西藏在砖块下面。一天，她们宿舍飞进来一只麻雀，人们便开始在房间里四处追赶麻雀，谁知这只麻雀飞到床底下，有个抓麻雀的人正巧碰翻了那块砖头，从而发现了砖下的藏物，捡到后便立刻上交了。这时，人们便开始议论纷纷，一传十，十传百，事情越传越玄乎，最后的结果被定性为内务部特务案。因为抓麻雀惹出来的事，竟然说成是偷藏枪支，闹得满城风雨不说，还被上级认定为所谓的特务案。王定国一见苗头不对，便立即站出来实事求是地澄清了事实真相。王定国的这一举动不但树立了正气，而且也及时遏制住了歪风邪气在内务部的蔓延趋势。

惩治邪气，王定国挺身而出！树立正气，她当仁不让！为了规范内务部的工作，养成良好的工作作风，1952 年 9 月，她带领大家制定了一系列的内务部工作规定，诸如“内务部会议规则”“内务部集体办公注意事项”“内务部调动暂行办法”“内务部工作人员任免调动暂行办法”“内务部工作人员考绩暂行办法”“内务部工作人员请假办法”“内务部修建工程暂行办法”“内务部物品购置暂行办法”“内务部汽车使用暂行办法”“内务部招待工作人员家属办法”“内务部宿舍规则”“内务部卫生注意事项”等几十个相关规则。这些规则的制定，不但让大家有章可循，而且对其他部门的管理工作也起到了抛砖引玉的良好作用。

一个单位的工作方法直接影响到这个单位的工作效率，影响着这个单位的业务水平，为此，王定国还号召大家把内务部成立以来的所有公文、报告、条例，其中还包括部长们的批示，全部拿出来重新审对，发现有错误的地方，王定国不但要用红笔醒目地标记出来，而且还要拿出来放在展览栏里面给大家展览，从而给粗心大意者一个警示。例如：一份给国务院的报告中，曾经有同志粗心大意，把“周总理”写成了“周经理”。王定国发现这些短板之后，她不是遮遮掩掩，而是敢于面对本单位的不足之处；她不但组织内务部的人员自己去参观，同时还请其他部委的同志来参观，采取面对面地揭短亮丑，及时遏止了内务部少数同志敷衍了事的不良习气。王定国这种严谨求实的工作态度，为内务部的工作起到了良好的鞭策作用。

王定国在一次运动中审查了一名干部，当原来被怀疑的问题澄清后，一切风平浪静了。可是一位负责人突然提出该干部对领导不满，公开谩骂过谢觉哉部长，要给予处分。有些人开始推波助澜，这位负责人同时还说王定国也当面听到的，要求她出面做证。

这让王定国犯难了，她对这种做法持有不同的意见，在王定国看来上下级关系不应该搞得这么紧张，难道群众对领导就不能说、不能碰了吗？况且该干部也没有像他们说的那样谩骂过部长呀！于是王定国接过话题说："这事就算了吧！我看没有这么愚蠢的人，他会当着我的面骂谢老（谢觉哉部长）。"王定国的话音一落，没想到当事人暴跳如雷地站起来批评王定国，说她的思想"右倾"，是一个不坚持原则的人。最后这事被谢觉哉知道了，他笑了笑说："部长怎么骂不得呢？如果我谢觉哉做错了事，同样也该骂。"听谢觉哉这么一说，当事人转念一想，部长就是部长，说的话太在理了，于是他也不再提此事了。王定国就这样平息了这场闹剧，那位被举报的干部从此也解除了精神上的压力。

王定国在内务部工作期间，从来没有丝毫优越感，而且胸怀宽广，善于团结同志。内务部是一个人员多、工作范围广，任务也非常繁重的部门，包括红十字会、救济总会等社会团体在内的工作人员达500多人。在这500多人中，有几十个人有着不同的特殊身份，他们有的当年在日伪时期即从事当前工作，有的在国民党时期从事过现在这个本职工作，他们担心王定国会对他们的过去有一些不好的看法。而王定国却从没有这种想法，她负责把他们在旧社会的档案从南京运来后，不但对这些人以诚相待，而且还充分尊重他们的人格，让他们自己首先对个人档案进行一次整理。在与他们的接触中，王定国发现他们绝大多数人考虑到自己以前的出身，思想包袱重，顾虑多，王定国见缝插针地开展思想政治工作，耐心细致地开导大家坦诚地面对历史，脚踏实地地干好本职工作。通过王定国的说服教育，他们慢慢消除了顾虑，转变了观念，最终还在自己平凡的工作中做出了非凡的成绩。

第七章

饱经风霜，王定国事业有成的先决之因

二十、拨乱反正救良将
一丝不苟审案情

1959 年，时值第二届全国人民代表大会召开，原最高人民法院院长董必武荣升国家副主席，党中央提议最高人民法院院长一职由在内务部工作了 10 年之久的谢觉哉部长接任。当谢觉哉得知这一消息后，一时间喜忧参半，喜的是组织上对他非常关心，自己心存感激；忧的是什么呢？最高人民法院院长对国家和人民群众而言是一个非常重要的工作岗位，最好是由年富力强的领导人担任。自己年事已高，担心干起工作来会力不从心，于是他便婉言谢绝了，并对最高人民法院院长一职的任职人选提出了自己的“两不主张”：一是不主张戴“红领巾”的人当最高人民法院院长，二是不主张留白胡子的人当。

然而党中央经过再一研究，还是决定由谢觉哉担任最高人民法院院长。经过杨尚昆同志出面和谢觉哉多次交心沟通，这位久经考验的共产主义战士深深地懂得“个人服从组织”是我党的主张，最后，他还是服从了党中央的决定，随即走马上任中华人民共和国最高人民法院院长的领导岗位。王定国作为谢觉哉的妻子，随谢老调到最高人民法院担任党委办公室副主任兼司法行政处副处长，兼任谢老秘书（1964 年）。谢觉哉到最高人民法院上任不久就亲身感受到了通过大家多年来的努力所取得的可喜成绩，他心里十分高兴。然而在高兴之余，他又为判案中出现的少数偏差案例感到十分愧疚，尤其让谢觉哉高度关注的是死刑和量刑不当的两类案件。他说："人的头不是韭菜，割了就再长不出来了，人的一生就是几十年，偷了几斤粮票就判他十年，人有几个十年？要是这样随意判决，不就把一个人的一生给毁了吗？"

王定国对他的认识感同身受，她对每一宗案件的原始资料必须进行反反复复的审核，之后才和秘书一道向谢觉哉进行详细汇报；当碰到一些有疑难的案卷时，谢觉哉一定会亲自进行审阅，最后经过谢觉哉、王定国和秘书三个人合议，并提出处理意见再交审判委员会审理。王定国在参与这一系列案件的复核过程中，总能受到一些启发，特别令王定国获益匪浅的是在谢觉哉看过越剧《胭脂》之后，专门写给浙江省高级人民法院的那首诗："一念之忽差毫厘，毫厘之差谬千里。《胭脂》一剧胜神铖，启智纠偏观者喜。"正是谢觉哉的这首诗，让王定国感受到了法院工作的不易，更感受到了坚持秉公执法的意义所在。

原北京军区一位将军因夫妻感情长期不和，妻子对丈夫产生了极端的仇恨心理，她便通过各种渠道四处告状，非告倒这位将军不可，而当时的法院态度也非常明确，他们把调解或进行批评教育摆在第一位，实在感情不可修复，可判离婚。但女方一直不罢休，最后告到一位领导那里，这位领导决定开除这位将军的党籍、军籍，从将军降到校官，下放到河南省黄泛区一个农场去当副场长。这位将军家的全部财产都归了将他告上法庭的妻子所有。在这种看似"公正"而实则不公的判决宣布之后，女方同意了离婚。半年之后，这位全身破衣烂衫的将军回到北京来到了谢觉哉院长的办公室，谢觉哉见他十分消瘦而又狼狈不堪的样子，回想起他在战争中出生入死的英雄气概，战功卓著的英姿以及受到不合乎法律精神的不公处理，谢觉哉十分难过。这位将军哭了，谢觉哉也哭了。

王定国在场听了事情的原委，她看在眼里，痛在心里，待这位将军走后，她就开始着手四处调查真实案情经过。经过长达半年的艰苦努力，王定国最终为谢觉哉提供了翔实的第一手材料。掌握第一手材料的谢觉哉把真实情况跟上级领导及毛主席做了详细汇报，毛主席从谢觉哉处了解到将军的情况后，风趣地对这位将军说："党籍、军籍、军衔都没有了，无官一身轻嘛！正好打仗去。"在中苏发生边境冲突的关键时刻，毛主席亲自点将要这位将军领兵打仗去了。几经周折，最终才把这位将军从农场接了出来，恢复了他的军籍、党籍和职务回到他分别已久的军队。

王定国亲力亲为地为这位将军的事前前后后工作了半年多的时间，她开始慢慢有了一定的成就感，也进一步感受到了在法律面前必须实事求是的重要性。在日后的每一宗案卷审核中，王定国变得更加认真仔细了，凡是她经手过的案件，没有出现过任何一件冤假错案。

1963年3月，王定国随谢觉哉离开北京，先后到上海、杭州、苏州、无锡、镇江、南京、江西、广州等地法院进行调查研究，每到一处她都要和谢觉哉一起听取各地法院的工作汇报，对每一个重要案件的重要细节王定国更是专心致志地进行记录，而后认认真真地分析，只要有一丝疑问，她就决不放手。

王定国和谢觉哉经过一个多月的奔波劳碌回到了北京，谢觉哉考虑到一路走来的相关重大案件需要紧急处理，他顾不上休息又一头扎进了案件当中，还有一些必须参加的接二连三的社会活动。

就在谢觉哉回到北京没多久，湖南省宁乡县老家突然来了几个亲人造访，其中一位亲戚无意中谈到家乡的变化，涉及滥伐树木的现象。因谢老爱树如命，每次回到家乡他都要交代当地干部群众加大植树造林力度，绿化荒山野岭。听到有人滥伐树木，谢觉哉一下急眼了，连忙问道："这些树都快砍光了，有没有人维持重新植树造林呢?""没有!"这位亲戚不假思索回答说。"那你有没有参与滥砍滥伐呢?"谢觉哉迫不及待地补问了一句。"别人都在砍，我不砍别人不照样砍走了吗?我凭什么不砍呢?"这位亲戚答道。谢觉哉见她还强词夺理，便更加来气了，他目不转睛地盯着这位亲戚十分严厉地反问道："怎么，你不砍，吃亏了是不是?现在乡里有人告你状，要罚你款，我看是该好好罚罚了!"一看原本和颜悦色的谢觉哉一下子大动肝火，这位亲戚知道自己惹怒了他，便不停地给他老人家道歉，没想到已经悔之晚矣。就在1963年5月16日的中午，79岁的老院长谢觉哉由于长期奔波劳碌，加之情绪激动，病情突然爆发，导致脑血栓不幸病倒了。在谢觉哉发病不久，他的秘书也突然生病了，此时此刻，落在王定国肩上的担子更加重了，她要协助谢觉哉处理最高人民法院的相关事务，同时又要精心照料病床上的谢老。

在这令人揪心的时候，面对谢觉哉家如此艰难的处境，组织上派出了医术相当精湛的医疗队伍对他进行了精心治疗。在广大医务工作者和医院领导的热心关怀下，谢老的病情逐渐稳定了下来。

二十一、天寒又逢连夜雨 云未散来雾又临

1965年，政协换届选举，谢觉哉当选为全国政协副主席，王定国便随谢老调到了全国政协办公厅。到新的工作岗位还未完全安定下来的王定国万万没想到的是，“文革”像乌云一样笼罩着神州大地的每一个角落，一时间，全国各地党、团组织涣散，各种派别风起云涌，各地学生到处横冲直撞，他们肆无忌惮地抓人，一会儿要打倒这个人，一会儿又要揪出那个人，自然而然，躺在病床上的谢老也未能幸免。一批批的造反学生来到谢老的病床前，要谢老证明与他长期共同战斗、生死与共的老战友贺龙是土匪，伍修权是“苏修”特务，兰州地下党是“红旗党”、特务窝子等这些无厘头的事情。更让人无可奈何的是，这些蛮横无理的学生无论谢老怎么耐心细致地跟他们讲道理，证明这些老战友都是坚定的革命者，他们就是听不进去，常常在谢老家闹得鸡犬不宁。

谢老看着这些极不正常的现象，私下对王定国和家里人说：“你们不要相信那些鬼话，哪有那么多特务、叛徒？若共产党里有那么多坏人，怎么能抗战胜利，怎么能打倒国民党？怎么能带领全国人民走向革命的胜利！”面对家中来的一批又一批不速之客，病中的谢老渐渐地有些坚持不住了！王定国看在眼里，

痛在心里！谢老病重的消息不久就传到了毛主席的耳朵里，他得知谢老的处境后当即指示："谢老有病，不要去找，更不要去找他参加活动！"

谢觉哉在毛主席的亲切关怀下，虽然当时没有被造反派拉出去批斗，但是，一波未平，一波又起，造反派却变着法子把一批批大字报、小字报弄到王定国家里，王定国不得不一批批接待他们，好说好劝，再把他们一批批送走。费力劳神的事不停地折磨着王定国，一天下来总是累得筋疲力尽。就在这度日如年的处境中，负责公安部工作的人却没有一个人站出来主持正义，特别让王定国心灰意冷的是，当时公安部门的一位负责人明知道毛主席下达了不准造反派纠缠谢觉哉的指示，他就是不站出来执行，且任由那些造反派来找谢老纠缠不休。更让人不寒而栗的是，那些针对谢老的大字报、小字报无所不敢言，他们的观点稀奇古怪，什么论点都有，矛头直指谢老。如谢老提倡读书养性，他们就说这是培养修正主义的精神贵族；谢老提倡种树养猪，他们就说这是不务正业；国家特赦战犯，他们就说作为法院院长谢老搞阶级调和，把皇帝、战犯都放了。更让人气愤的是，毛主席曾经向谢老提议，要谢老把他当年在湖南浏阳被团防军抓住，后来又脱险的故事写成文章的事，也让那些别有用心的造反派歪曲地理解为，谢老是有意损坏伟大领袖毛主席的光辉形象，非要谢老说个明白。

王定国为了不让谢老生气，让他集中精力休养，凡是有关谢老的这些大字报、小字报都不给他看。不知什么时候谢老自己发现了这些报纸，他强烈要求一定要看一看这些无事生非的人究竟写了一些什么内容。每每看到这些胡说八道的大字报、小字报，谢老总会一边唉声叹气，一边摇着头怒气冲天地说道：

“误人子弟！误人子弟啊！学生们被教唆坏了！”每当这个时候，王定国就尽量安慰谢老，递上一杯热气腾腾的茶，或送上一份急着处理的文书，从而尽快引开谢老的注意力。

晚上，王定国会抽出时间来挽着谢老的手臂，到室外溜达，透透气。赶上谢老开心的时候，王定国就会劝谢老少想造反派所做的那些乱七八糟的事情。然而身经百战的谢老又怎么能眼睁睁地看着自己曾为之奋斗的国家遭受如此混乱呢？可面对现状谢老除了着急之外，确实又不知如何是好。

二十二、热心辉映夕阳红 突遇乌云心憔悴

一时间，王定国所在的政协机关乱得不能进去上班了，家中谢老重病缠身，她决定请假回家照顾谢老。首都北京的混乱局面不久就蔓延到了全国各地，谢老许多全国各地的老战友也被一些不明真相的人揪斗，有的弄得无法安身，有的被迫流离失所，家境好的能掏得起路费的纷纷跑到各地避难。谢老家自然也是一个可以让人避风的港湾。凡是找到谢老这里来的人，王定国总是放心不下他们的处境，便一个接着一个地收留了他们。可家就这么大，时间久了，这个原本就不大的家中住满了从全国各地赶来避难的客人，再来人又怎么安排他们的食宿呢？王定国一下子犯难了！一日三餐放在一边不说，万一让人发现，那又会是什么后果呢？但把客人留在家里，他们的行踪泄露出去被揪回去了，那又会是什么后果啊！王定国不敢往下想。就在王定国为难的时候，麻烦真的来了，她家住着许多外地老干部的消息不知什么时候被一位公安部门负责人获悉，于是他放出狠话说："不准谢老家隐藏这些老干部，要不然后果自负！"

该怎么办呢？这事要是连累到病床上的谢老，那后果就不可想象了。

其实，王定国面对这些年幼无知的造反派学生，她心里并

1945 年，王定国（后排中）与谢飞（前排左一）、谢飘（前排左二）、谢定（前排左四）合影

不怎么害怕，她最大的担忧就是照这样下去，会不会再滋生一些不利于老干部身心健康及其政治生命的复杂局面？这样的现状久了又会不会给谢老带来什么麻烦？思来想去，王定国最终还是决定打发这些老干部陆续回家去。

汹涌的浪潮一浪更比一浪高！刚刚送走谢老曾经的老同志、老战友，王定国又迎来了她人生中黑色的冬天。王定国所在的政协机关那些不知天高地厚的造反派一次又一次找她谈话，要她站出来揭发伍修权、魏传统、武杰、刘德胜等人的历史问题。王定国面对造反派提出的这些人员名单，她怎么也找不出来他们的历史问题，反而找到了更多这些过去的老领导、生死与共的战友们对党无限忠诚的一个又一个鲜活的画面，所以王定国选择了避而不答。

王定国的态度激怒了这些胡作非为的造反派们，慢慢地他们开始对王定国产生了不满情绪，继而将矛头转过来指向王定国。一个司机领头的造反派组织开始审查王定国，这个头头称王定国在西路军被俘后被敌人收买了，一定要给王定国定个叛徒的罪名。更让王定国无法接受的是，1967 年 2 月的一天，造反派突然宣布王定国要停职反省。乌云从头顶飘过重重地压到了这个身高一米五的老红军身上。接踵而来的是，王定国的家人也遭到了麻烦，生活在自己家里的妹妹首当其冲，造反派黑白不分地说她是地主婆，而且还硬生生地将她赶回了老家四川南充市营山县的那个山村。

就在王定国的妹妹被打成地主婆不久，雪上加霜的事随后就发生了，王定国的七个儿女也因她所谓的历史问题受到牵连，有的被下放到千里之外的新疆、有的被迫从军营转业、有的被送到人生地不熟的“五七干校”进行劳动改造，围在身边热热闹闹的儿女一下子四散了，家里只剩下谢老这个孤苦伶仃的病人。原本温馨的家，一下子被突然而来的乌云笼罩着，见不到光明，让人喘不过气来，一时间王定国心如刀绞。

在那些遭受身心伤害的日子里，更让王定国受煎熬的是，每当天刚蒙蒙亮就要早早起床，迅速赶到办公室面对造反派那些无中生有的审查，接受他们胡说八道的提问，承受他们灭绝人性的体力摧残。这种度日如年的滋味令王定国身心憔悴。一下班，王定国又要急急忙忙往家里赶，照顾谢老吃药、洗澡、起居等日常生活。面对眼前这个杂乱无章的家，王定国六神无主，她甚至有一种天崩地裂的感觉，在她内心深处，她已经预感到了一场灾难正在向她和她的家人招手。

那是 1969 年 2 月 6 日，在全国政协机关的一次会议中，王定国突然被造反派宣布成“叛徒”，并被关进了造反派私设的“监四号”囚牢。在囚牢里，造反派对王定国实行了不准打电话、不准写信、不准家里人来探望的“三不准”政策，王定国就这样突然和家人过上了与世隔绝的生活。

病床上呻吟的谢老吃药了没有？分散在全国各地的儿女们生活得怎么样？还有没有从外地来找谢老的老战友？这些都让王定国放心不下，恐惧、无助、彷徨向她铺天盖地袭来。经历过40多天的囚禁生活后，正当她心如刀割之时，突然晴空万里，喜从天降，一天傍晚，她突然听到“哐当”一声，关押她的铁门不知是谁给打开了。“自由了吗?”王定国顾不上多想，她心中唯一闪过的念头就是早日见到病床上的丈夫和分散各地的儿女们。“三条纪律你听好了！一、按时上班；二、不准与任何人接触；三、不准把审查内容告诉他人，也不准告诉谢老。”前来释放王定国的人面无表情地说。王定国拖着沉重的脚步边向家走边思考：“这到底是怎么回事呢？造反派怎么会这样轻易就把我给放了呢？谢老一个人坚持了一个多月了，现在还能动弹吗?”带着一个又一个疑问，王定国迈进了家门，只见在昏暗的夜色中，谢老一个人孤孤单单地躺在沙发上，显得是那样的寂寞和无助，那么的凄凉和无奈。面对眼前的一切，这个在二万五千里长征中都没有掉过眼泪的老红军再也无法抑制自己的泪水，她哭泣着不顾一切地扑到了谢老的跟前，用力扶起他那瘫痪的身体，艰难地吐出几个字：“老头子……我回来啦……”

谢老咬着颤抖的嘴唇想说什么，然而本来就难发出声音的喉咙一下子哽咽了。

王定国定神一看，谢老面容苍白，全身消瘦，整个换了一个人似的，连自己身边的妻子也几乎不敢相认了！

谢老因病导致半身瘫痪，经长期治疗已经有所好转。在王定国被囚禁之前，他还能扶着人在院子里散步，而现在却连站都站不起来了！

王定国强抑着满腹的辛酸，想立即解开自己出狱的疑团，便用力在谢老的耳边哭泣着问道："……我到底是怎么释放的啊？是谁……"

王定国的声音是嘶哑的……

此时，王定国的手突然触摸到谢老身下的沙发，一时间她又想起了沙发里面的"秘密"……于是她站起身来，又摸了摸沙发的四周，好像还是自己当时亲手装修的原样，一时心安了。

谢老也会心地点了点头，断断续续地说："在……在……"谢老的声音虽然微弱，但王定国还是听得非常清楚，一时间，她的内心深处又多了几分得意，笑容又绽放在她那消瘦的脸庞，心中得到了极大的安慰……

就在谢老日夜躺着的沙发里，王定国珍藏着一批珍贵的东西，这是她冒着生命危险保存下来的一堆书纸，其中有大革命时期的黄竹纸，也有延安时期自造的马兰纸，它记载着许多毛泽东的话语，周恩来的嘱咐，还有其他老一辈革命家的言论与行踪……这一切，谢老从1919年以来都写在自己的几十本日记之中！

为了免于被造反派抄家时搜走，就在王定国想再次将书纸转移的时候，家里的电话铃响了。

王定国那双颤抖的手轻轻地抓起了话筒。

"你这是哪里呀？"

"你们谁在家？"

对方亲切地问道。

王定国愣了一会儿，犹豫地说：

“我……我是……”

还没等王定国说完，对方在电话的另一头和蔼可亲地问道：

“王定国回来没有?”

听到对方的第三句话时，王定国情不自禁的眼泪和微弱的声音一起落进送话器：

“周总理啊！是您……放我回来的吧……”

王定国哽咽着一个字一个字地说。

“谢老的病情怎么样？你要用心照顾好他……”

这时周总理的语调也变得沉重而缓慢了！王定国久久地站立在电话机旁，紧握着话筒怎么也不想放下，她多么希望总理的声音不要消失……

周总理的这个电话和王定国突然被释放回家的喜讯，使得谢老增添了继续活下去的勇气和力量，也让王定国又一次感受到了一束耀眼的光芒在她眼前闪，从而让她更加坚强起来了。在他们身处绝境的时候，还有国家的总理在牵挂着她和他们的家，这怎能不让人为之高兴和感动。

究竟王定国是怎么被释放的，有一天她找到了答案。

王定国被囚禁后，谢老一个人坐在房间里的沙发上默默不语地低着头。跟随谢老几十年的警卫秘书高世文不知道沙发里藏着谢老多年写下的几十本日记，只是担心谢老一个人闷在房间里会加重他的病情，于是就劝谢老说：“这个屋子里有些凉气，赶上王定国同志……又不在……”

“正因为王定国不在，我才要坐在这里……”

谢老的答话，使得屋子里的气氛更加沉重……

高秘书见谢老这么说，就没有再吭声了。

在王定国被关起来的一个多月里，谢老除了精神上受折磨，生活上也没人照顾，因为炊事员撤走了，不能按时吃饭，即便送来一点儿也吃不到嘴里，没有合适的人给他喂，就连喝水也有困难……面对现状，谢老实在无法再坚持下去了！这天，他咬着牙，拼着命，艰难地给周恩来写了一封信，怕别人送信出事，他自己拖着半瘫痪的身子，亲自将信送到中南海收发室。三天后，那些人被迫将王定国给释放了！谢老流着眼泪，最后对王定国说："……要不是总理呀，你永远也见不到我了！我不行了……"

二十三、身经磨难总理救
往事如烟常记心

王定国出狱后身患重病的谢觉哉又得到了王定国的精心照料，在疾病缠身中多活了两年零三个月，于1971年6月15日，终因抢救无效不幸病逝了。

在谢老患病的这8年时间里，国家正值多事之秋，“四清”和“文革”双重不幸接踵而来，使王定国全家遭遇到了许多意想不到的灾难，承受了巨大的痛苦。在谢老卧病期间，王定国逼着自己从打针、按摩、护理等基本的护理专业技能开始一步步学习。众所周知，褥疮是瘫痪病人最容易得的综合征，更何况卧床8年的病人。在王定国和医务人员的精心护理下，谢老没有生过一次褥疮，从而免遭许多的皮肉之苦。

在十年浩劫中，周恩来保护了谢老，从囚牢中救出了王定国，每当想到周总理的时候，往事就一幕一幕地呈现在王定国的眼前，如一井甘泉，如一缕春风，如一杯浓蜜，总是给她以甜美，给她以欢欣。一缕缕的怀念之情常常涌现在这位现年105岁的老红军的心头……

王定国是在1935年6月认识周恩来的，那时红军长征到达川西北的达维、懋功，红一方面军与红四方面军胜利会师时，王定国所在的红四方面军为了庆祝胜利上演了一台节目，在这次庆祝会上，王定国第一次见到了当时任党中央副主席的周恩来，他留着长长的胡子，是那样的慈祥，又是那样的和蔼可亲。

同年 8 月，王定国和所在部队同周恩来一道都住在毛儿盖，由于过度紧张和疲劳，周恩来病倒了！

一天下午，易政委和指导员带着王定国和其他几名战友去看望了周恩来。周恩来虽然发着高烧，但还是勉强起来接待了他们，并亲切地对王定国他们说：

"你们这些十几岁的女孩子，都能爬山打仗，还能做宣传工作，真不容易啊！要坚持下去。"

1939 年秋天，周恩来要去苏联治疗左臂的骨伤，邓大姐和孙维世、刘九洲一道随行。路过兰州时住在兰州八路军办事处。那时谢老是办事处的负责人，正在陇东处理"摩擦"问题。周恩来虽然又忙又累，但还要抽空给办事处人员讲国际国内形势。王定国他们这些不在延安工作的干部，能亲耳听到周恩来讲延安根据地的抗日情况，一个个精神抖擞。这时王定国已是一个孩子的母亲，周恩来对王定国说：

"你的任务最重，既要工作，还要带好孩子。"

1940 年 3 月，周恩来从苏联回来时，又在兰州八路军办事处住了几天。这时，周恩来得知谢老已回延安的消息，便决定带王定国和她的孩子一起回延安。可是当时王定国觉得第二个孩子还没满周岁，怕在路上给大家带来不便，便婉言谢绝了周恩来的一番好意。

可没想到周恩来说有他和大家照管孩子，路途不会有什么困难的，于是王定国和两个孩子同大家一道坐辆大轿车回到了延安。

同行的还有蔡畅、邓大姐、任弼时、陈郁等人。一路上，周恩来和几位大姐还不时地逗孩子玩要。当时，王定国的第二个孩子还小，爱咬大人的手，周恩来便开玩笑地叫他“小狗”，从此以后“小狗”被当作小名给人叫开了。“小狗”的奶不够吃，路过西安，细心的周恩来特地安排西安八路军办事处的人给王定国找来了发奶的食物。

在这漫漫的旅程中，周恩来考虑到大家白天都比较兴奋，不大睡觉，为了跟大家把休息时间错开，他就强迫着自己白天在车上打盹，晚上大家进入梦乡的时候，他就负责车上人员和中途休息时车辆周围的警戒工作，以防敌人破坏，确保全车人员和所带物资的安全。行至哭泉地段时道路泥泞难行，汽车突然抛锚陷入泥潭，无奈之下，只好请来当地百姓家的耕牛帮助拉车。细心的周恩来还专门吩咐负责旅途事务工作的同志付给群众合理的报酬。

到延安后，周恩来亲自把王定国和她的两个孩子送到了中央党校谢觉哉副校长身边，亲切而风趣地对谢老说：“把你的老婆孩子都交给你了，我的任务完成啦……”

搬到北京后，有一次王定国去中南海参加晚会，在怀仁堂的后草坪上，遇到了周恩来总理，他还风趣地问王定国：“‘小狗’来了吗?”

当他看着过去被叫作“小狗”的娃儿已长成大小伙子时，不禁大笑起来，那笑声一直回荡在草坪上空，回荡在这位105岁的老红军的心坎上。

1971年6月14日，谢老突然病危时，时任国务院机关事务管理局副局长的侯春怀立即打电话给周恩来的办公室。周总理亲自吩咐侯春怀，要他想尽一切办法抢救谢老。由于谢老精神上所受的折磨太重了，任何抢救措施都已无济于事。第二天，即1971年6月15日，谢老与世长辞了！

即便是死人，林彪和“四人帮”还是不想放过，他们先是封锁消息，继而阻挡吊唁，还不准向遗体告别，不准开追悼会，不准送花圈……说这些都是“四旧”！

然而，战友的情谊是封锁不住的，他们的感情也是阻挡不了的！自发前来吊唁和告别的人流，挤满了医院的后院。董必武知道了也从病床上爬起来，拿起一支大笔，墨泪俱下地写了一副挽词：“长征老战士，‘文革’病诗人！”董老来到谢老遗体旁，老人的泪和遗体上的冰珠融化在一起……董老亲自将挽词放在遗体上。

噩耗传到周总理那里了！他毫不犹豫地取消了林彪和“四人帮”的无理禁令，明确坚定地下达指令说：“要写悼词，要发消息，要登照片！”

总理的话语像寒冬的暖流一般，传到了医院，传到了同志们的心间，冰珠满面的谢老似乎也感受到了无比的亲切和无限的温暖……

丧事完毕了，周总理还惦记着家属，得知王定国家里连电话都不给装了，冬天也没有煤取暖了……总理便嘱咐邓大姐打电话委托朱端绥转告王定国说，总理已经要有关的同志做了适当的安排……

时至今日，这位105岁的老红军念叨最多的是：“总理啊，人民的好总理！您对每一个角落的人民，您对多年相随的老战友，您对亿万下一代，总是那么关怀备至、体贴入微，而对于您自己，却那么淡泊，那么不经心留意，甚至完全忘却。您为了人民的幸福鞠躬尽瘁，死而后已……”

二十四、昭雪平反精神爽 不遗余力著新篇

1976年10月6日，党中央一举粉碎了“四人帮”反革命阴谋集团，全国人民无不为之欢欣鼓舞。王定国和大家一样如同再获新生。灾难的“文革”终于结束了，党和国家重新走上了健康发展的道路，老战友们纷纷重新走上了战斗岗位，王定国的子女们也陆续回到她的身边，加入以经济建设为中心的新长征的战斗行列。

王定国本人也回到政协机关，这时的政协秘书长齐燕铭打算筹建政协政治部，准备让王定国担任政治部主任。王定国考虑到自己担任此职不太合适，因为政治部主任主管人事、思想、清查“四人帮”帮派体系等工作，自己在“文革”中受机关造反派批斗关押，现由她来领导清查他们不太好，会使工作受到干扰，别的人来担任此项工作更为有利。组织上接受了她的这个意见，后来因齐燕铭去世，政治部也没有正式建立起来。

1978年召开中国人民政治协商会议第五届全国委员会第一次会议，王定国被特邀为政协委员，参加文物保护的工作。从此届政协开始，第六、第七届她都当选为全国政协委员，在救济福利组工作。在每年召开的全国政协大会上，王定国总要和来自全国的政协委员们齐聚一堂，共商国是，为祖国的富强献

计、献策。

她还多次参加了政协组织的视察团，到全国各地去视察了解经济建设、政策落实、社会福利、民族团结、青少年教育等方面的情况。

自十一届三中全会以来，党和国家在以邓小平为中心的党中央领导下，拨乱反正，实行改革开放，从此走上了一条健康发展的道路。全党、全国各族人民满怀信心，为实现四个现代化的美好理想而努力奋斗。王定国作为一名红军老战士，她总是提醒自己要珍惜时光，为党和人民多做些事情。

由于十年“文革”王定国被耽误的时间太多了，现在又获得了重新为党工作的机会，浑身上下有为祖国使不完的劲儿。

据王老回忆，一次，她见到了胡耀邦，随即提出了自己希望好好干一番事业的要求和愿望，胡耀邦说：“别的工作你都先不要做，有一件大事等着要你来做，这就是把谢老生前留下的大批宝贵的日记、文章、资料等整理出来，这些都是党的重要历史文献资料，要好好进行整理，这件事你要抓紧做好。”

王定国听到首长的吩咐后，马上投入了这个光荣的任务。

谢老生前最后担任的职务是全国政协副主席，整理谢老文稿的工作由政协负责来组织。当时在政协秘书长周而复主持下组成了一个班子，叫“谢觉哉文集办公室”，由曾三担任组长，史永和王定国本人担任副组长，组员有长期在谢老身边工作和原单位的工作人员，他们是谢放、吉世霖、刘子谷、丁浪、易凤葵、成云东、王萍等人。

谢老的著作、文稿、日记，等等，可说浩如烟海，连续年代久远，从清朝末年到“文革”，跨越了半个多世纪，内容丰富，涉及党内外社会活动的方方面面。他还长期主办过党的不同时期的报刊，又喜爱散文、杂文、诗歌等写作，所以著作颇丰。特别是他数十年的日记，更是党的活的历史资料，因此要把所有这些谢老的文字、文章收集起来，整理、注释、出版，不能不说是一个工作量相当大的繁重任务。

王定国和“谢觉哉文集办公室”的同志一道，付出了辛勤的劳动，圆满地完成了这件十分有历史意义的工作。王定国本人更是全力以赴地投入此项工作之中，在她的内心深处，总觉得只有这样才是对谢老的最好怀念。

此项工作从 1978 年开始，到 1984 年基本结束，进行了约 6 年的时间，先后整理、撰写、出版了《谢觉哉传》《谢觉哉书信集》《谢觉哉日记》《谢觉哉评传》《谢觉哉诗集》《谢觉哉文集》《谢觉哉影像集》等。1984 年 4 月 27 日，谢老诞生 100 周年，全国政协在北京举行了隆重的纪念大会，“谢觉哉文集办公室”的全体同志，将谢老毕生心血结晶的这些著作献给了全党和全国人民。王定国感到莫大的欣慰，也深深地感谢几年来为此付出了辛勤劳动的人们，特别是办公室的同志们！在谢老诞生 100 周年时，王定国和孩子们决定，将谢老生前省吃俭用收集起来的线装书 2 万多册，其中不乏各个朝代的珍贵版本，捐献给中央档案馆，让它们为国家的富强，为传播中华民族文化发挥作用。王定国的这一创举谢老若在天有知，定会欣然同意并为之高兴。

二十五、京城不忘前尘事 故里寻亲梦成真

1983年秋，王定国回到阔别40年的甘肃省进行访问。作为红军西路军和后来的兰州八路军办事处的一名老战士，曾在这块土地上战斗过，这块故土给她留下了永生难忘的记忆。西路军有无数先烈的鲜血洒遍那块疆土，有失散多年的同志们定居在这里，有她曾经战斗过的身影留存在这里。

身在京城的她常常会收到情同手足的兄弟姐妹们的信件，常常梦见他们在战场上出生入死的身影，常常会想起姐妹们在青春岁月里一同演出时的英姿，常常会读出寄给她的信件中那千里之外的牵挂和倾诉，听到他们从当年阵地上传来的思念……

王定国怎会不希望能早一天见到他们呢？怎会不想亲自了解手足情深的兄弟姐妹的生活现状呢？当年甘肃省党史部门邀请她和伍修权重访甘肃的消息一传到她的耳朵里，她就迫不及待地和伍修权先后抵达了日思夜想的兰州。

踏上兰州的土地，王定国就见到了繁荣昌盛的一片美景。经过中华人民共和国成立后30多年的建设，兰州古城已由往昔落后的偏僻小城市，建设成为现代化的新兴工业城市，人口已达200多万，市区面积也扩大了几十倍，变得几乎认不出来了。

她和伍修权都感到无比的喜悦。在接下来的日子里，他们会见了许多还健在的老战友和老朋友，听取了他们各自的介绍，了解了甘肃省巨变的动人事迹，共同回忆起那些永远难忘的往事。也谈到了一些不如人意的情况，其中有件事使王定国当时还深感不安。

当年西路军失败后，一批被俘和失散的人员，由于当时历史条件的限制，有的未能重返革命队伍，长期滞留在甘肃、青海一带，现在这些人都步入了晚年，由于一些历史原因，他们面临的许多困难仍无法解决。首先因为政策没有落实好，在政治上长期受到不公正的对待，“文革”中更是备受摧残；在经济上普遍处于困境的时候，他们连看病买药都很困难，因而有的人过早地逝去，有的人长期卧病。政府部门虽做了一定的工作，对他们进行接济，但都没解决根本问题。

了解到这一切，王定国和伍修权很焦急。王定国说：“世界上哪有只打胜仗的军队。西路军的失败，这些同志有什么责任？不解决好这批同志的问题，对党和军队都会造成不良的影响。”面对当年和自己一同奋斗的老战友的处境，王定国心情很沉重。这些人实在是等不起了，问题已经到了非解决不可的时候，现在不解决，后人不了解这段历史，就更难解决了。经过她、伍修权和当时的兰州军区政委肖华共同商量，决定由王定国和兰州市的黄景渊、北京来的洪炉一道深入下去，到甘肃河西走廊、青海等地去实地调查，把真实情况向党中央如实反映，求得公正合理的解决。

经过一个多月的调查，王定国他们向党中央写了调查报告和建议，伍修权完全同意这个报告并上报中央书记处和中央组织部。胡耀邦也过问了这事。在党中央的部署下，民政部、卫生部、财政部和解放军总政治部共同制定了一个文件：政治上改变称谓，不再叫“红军流落人员”，而称为“红军西路军老战士”；提高政治待遇；发放生活费，实行公费医疗；改善他们的生活状况；妥善解决他们的家属和子女就业、就读问题。这个文件执行后，产生了很好的社会影响，使这批老同志及其亲属和人民群众，更加热爱我们的党和军队。为了这次工作的完成，黄景渊、洪炉一直陪同王定国，还有青海的朱永馨，大家做了大量艰苦细致的工作，王定国一直对这些人心怀感激。

在这次访问调查中，王定国还专门凭吊了烈士墓地，寻访了当年的战场，特别是永昌县东二十里铺，那是当年王定国所在剧团浴血奋战的遗址，当她又一次身临其境时，不由得感慨万千。

中国共产党经过千难万险，付出了巨大的牺牲，终于取得了革命的伟大胜利，从而可以告慰先烈英灵，他们的遗愿实现了，同志们，安息吧！像我王定国这样的幸存者们更要加倍珍惜这得来不易的胜利成果，为祖国的繁荣昌盛奋斗不息！

二十六、夕阳未必逊晨曦
爱国保家万人传

1984年西安市文物局局长田文杨来北京。他找到王定国请求帮忙，说是有一个“文革”遗留的问题，文物局存放文物的房子被外单位占用了，一直没有退还回来，许多文物放在院子中风吹日晒，再加上人为的毁坏，损失十分严重，令人痛心。

西安是十三朝古都，文物古迹之多、之珍贵世界罕见。现在开展大规模建设和有计划的开发，文物古迹发现得越来越多，但由于房子问题解决不了，无法安置保管，挖出来的越多，损坏的也就越多，问题越来越严重，已到了非解决不可的地步。

王定国听了局长田文杨的汇报多次亲临西安相关文物被损现场调查，返京后不久，她又通过不同渠道了解到其他地方也存在这种类似的问题。王定国便当机立断找到了时任国家文物局副局长的金紫光及戚光等负责人一起商讨。三个人一致认为中国是五千年的文明古国，文物的保护是个很重要的问题。另外，我们党领导中国革命经过了长期艰苦卓绝的斗争，革命文物也很多，这一切都是弘扬民族文化，教育下一代的宝贵精神财富，一定要保护好，不然造成的损失是不可估量的，也是无法弥补的。在文物战线工作过的这些离退休老同志，还有这方面的专家，大家要组织起来发挥余热，为保护好历史文物和革命文物尽力。

于是王定国和金紫光等几位热心于此项工作的老同志一道，共同发起并成立了“中国老年文物学会”，负责研究文物保护及其专门学科的发展工作，金紫光任学会会长，王定国是副会长之一。学会成立至今，王定国和魏传统、罗哲文、郑孝燮、单士元等人到全国历史文化名城进行调查研究，了解各地文物的保护情况；他们还与外国友好人士进行交流学习，举办国际训练班，培养古建筑及文物的维修和管理方面的人才；拍摄了大量的国内历史文化名城、石窟艺术、壁画等电视片。特别是他们通过学会的活动，促进了全国文物保护工作，促成了国家文物保护法的颁布。

1983 年秋，“山海关长城研究会”成立了。与此同时，王定国他们又收到了反映山海关古长城遭受严重破坏的群众来信。长城是我们中华民族的象征，它闻名世界，素有“不到长城非好汉”的豪言壮语流传于世，但是经过上千年大自然的侵蚀风化，战争的破坏，及其他人为因素，迫切需要呼吁全国、全民族的广大人民群众立即采取行动，切实保护好长城，使其精神传给后代子孙，并让其发扬光大。要保护好长城，还需要开展科学研究，使长城处于现代先进科学技术的保护之下。因此，王定国和魏传统、严济慈、杨国宇、周谷城、罗哲文等人，广泛联系各界，包括海外的炎黄子孙和有识之士，经过 4 年的筹备工作，于 1987 年 6 月 25 日正式成立了“中国长城学会”，由黄华任会长，王定国担任副会长并兼任秘书长。

几年来王定国和大家一道做了大量的实际工作，为了宣传好、保护好长城，他们还组织了长城所跨越的十省市电视台、全国十家有关电视台，拍摄了共计 37 集的《万里长城》系列电视片、十六集《长城风情录》系列电视片；由王定国他们牵头，中央电视台和日本 TBS 电视台合作，拍摄了《望长城》系列电视片。还有其他许多的专题电视片。这些电视片播映之后，马上就在全国引起了巨大反响，增强了人民群众保护长城的意识，振奋了民族精神。这些电视片先后有十几个国家购买了播放权，在国外同样引起了轰动。中华民族悠久的历史，灿烂的文化，万里长城所体现的民族精神，为世人所叹服，增进了他们对中国的友好情感，促进了他们和中国的各方面的交流合作，捍卫了世界和平事业。

“中国长城学会”还开展了对万里长城的考察和研究，其中，组织和帮助董跃辉等有抱负的人士，步行了一年半，沿长城进行考察，详细收集和拍摄有关资料，使历代修建的长城有了完整的第一手材料，这为全面研究长城的建筑和历史沿革打下了坚实的基础。

他们还举行了大型长城展览会，修建了“长城博物馆”，参与修复部分长城景点。这给国内外广大观众和游客提供了永久性的学习和参观、旅游的场地，使中华民族的标志性建筑物万里长城更加深入人心，使人民群众更加热爱祖国的悠久历史和文化，为建设有中国特色的社会主义国家而建功立业。

多年来，王定国作为一名老红军战士，一名老共产党员，做了她应该做的一些事，党和各届领导们给了她许多崇高的荣誉，选她为“中央国家机关优秀共产党员”。1990 年 6 月 29 日，中央国家机关工委召开了表彰大会，并授予了王定国荣誉证书，表彰王定国认真贯彻执行新时期党的基本路线，在学习、工作和社会生活中，积极发挥先锋模范作用，成绩显著，并被评为“中央国家机关优秀共产党员”。不巧的是，因为她当时正在深圳，组织上让她乘飞机赶回北京，可并未说明是什么事，只说是一个重要会议。她因急于赶路回京，不料在深圳出了车祸，他们同车4人均受伤，王定国本人压缩性骨折。她也顾不了这些，带着伤病乘飞机赶回北京。会场设在人民大会堂，当她下了飞机乘车赶到天安门广场时，大会刚散场，人们正往外走，还是没有赶得上。回想组织上和同志们给予她的这么多的荣誉，内心颇感不安，她常想自己唯一能做的，只有将自己的有生之年全部贡献给党和人民的事业。

1994年2月1日，王定国在81岁生日之际，特作了《八十抒怀》诗一首，聊作今生的小结：

八十余年弹指过，崎岖岁月度春秋。

挥戈学文求真理，忠心赤胆为国酬。

旧社会成新社会，青发人变白发人。

回首一生何所求，愿把涓涓付巨流。

二十七、夕阳映红长征路 红军精神放光芒

当笔者还在惊叹当年红军是怎样翻越那白雪皑皑的雪山和走过寒风怒吼的草地时，2004 年的“十一”前夕，笔者听王老的小儿子谢亚旭先生讲述了王老这位 91 岁的世纪老人，重走当年走过的长征之路的经历。

2004 年 7 月中旬的一天，当年红四方面军长征途中的总政治部所在地——四川省雅安市天全县显得格外引人注目。王老把这个自己待了 107 天的地方作为重走长征路的第一站，千里迢迢从京城赶来了。

人称雅安有三多：女人多，鱼多，雨多。

就在王老准备从天全县出发到长征途中的红四方面军总政治部遗址——仁义乡程家村时，村主任给县领导打来电话，说当地乌云密布，风雨交加，加上从县城到遗址所在地还有一段儿十公里的泥石路，为了王老的安全，他们建议县领导劝劝王老，要她老人家心到即可。

电话的内容被王老一字不落地听个清清楚楚。

“什么？下雨就不去了，长征的时候，可不光是下雨哟！枪林弹雨都挡不住红军的路呢，几滴雨怎么就能拦得住我？”坐在椅子上，王老面带微笑地说。

“我妈决定的事谁也拗不过来的。当年川东地下党在她的老家——四川省营山县秘密发动群众组织农会时，第一个做放开裹得紧紧的双脚、剪发、支持男女平等这三件事的就是她老人家。这样的事在当时很多人都觉得不可理喻。”儿子亚旭最清楚母亲的脾气了，在一边解释道。

“我今天重走长征路，是想用行动告诉世人，只要努力就没有克服不了的困难。”王老抢着说。

正如村主任所言，从天全县到仁义乡程家村确实找不到一段像样的公路，不是这里一个坑，就是那里一个坎，车子一会儿颠过来，一会儿又簸过去。随行人员心跳都加快了，王老却显得格外开心，她一边哼着当年红军行军时的小调，一边左顾右盼地欣赏着青山绿水。

王老一路的表现让大家觉得他们的担心是多余的。

奇迹出现了。

半道上，程家村的主任又来电话了：“县长！主任！你们说怪不怪，我们程家村现在不下雨了，乌云全散，太阳高照，晴空万里。”

大概又过了一个小时，王老终于来到了目的地，从下车点到遗址还要经过一条长200多米，宽30厘米的稻田田埂，只能容纳一个人通行，想搀扶一下母亲的亚旭也爱莫能助。而抢在前头的王老早已忘记了自己是一位长者，突然如同小顽童一样，在田埂上跑起来，随行人员，县、乡领导，当地的老乡紧跟其后，几百人都捏了一把汗……

为了提醒王老注意安全，身后的儿子语带双关地说：“老妈，想当年，您当头头，从四川省营山县拉出来一支400多人的红色娘子军，您是营长；今天，您又当头头，拉进来一支几百人的队伍，可不能当‘团长’啊！”

老人明白儿子的好意，可她更相信自己走过二万五千里长征路的双脚，便很硬朗地说：“别操心，没问题的！”

很快，红四方面军长征途中的总政治部遗址沸腾了！

这是红军走过后70年来最为壮观的场面——当年的老邻居赶来了！当年的姐妹们赶来了！当年的儿童团团员赶来了！四里八乡的乡亲们赶来了！

86岁的老房东彭映珍老奶奶，换上一身洁净的衣裳早早地等候在王老和红军姐妹们曾经住过的老屋前迎接王老的到来。“我那时只有16岁，70年风雨人生，我没有忘记你教我唱的《送郎当红军》《打土豪》。”彭映珍回忆说。

对于曾经的经历，当年的儿童团团员程绍福更是记忆犹新，他自告奋勇地唱起了红军的歌，跳起了红军的舞……大家沉浸在一片欢声笑语中。最后他们一同去参观王老住过的草房，饮过的水井。两个小时过去了，王老才和大家依依惜别。

奇迹再一次出现了。

就在王老坐进汽车的时候，小雨淅淅沥沥地下起来了，好像在说：“王老，你们不要走了。”

刚刚还是笑容可掬的王老突然沉默了。记不清过了多久，王老才自言自语地说：“山没有变，房子也没有变，路更没有变，没有变化，就是没有发展啊！”

随行的人们明显地听出了王老沉重的语音和叹息声。

在王老的一生中有过许多奇迹。你听说过她在长征中三过草地而后生的惊险经历吗？你知道她参加革命前一字不识，到现在却编撰了500多万字的《谢觉哉文集》《谢觉哉日记》《谢觉哉书信集》《谢觉哉评传》吗？你大概还不知道王老不但写得

1980年12月，王定国（中）重回延安，在窑洞前留影

一手漂亮的毛笔字，而且还时不时有诗歌、书画作品在报纸杂志上发表吧？

这些奇迹的原动力来自哪里呢？

王老坦诚地回答说："就是那些为革命事业勇于牺牲的烈士们的英雄壮举无声地鼓励和鞭策着我，因此，凡是长征烈士的陵园，我在重走长征路的时候，一定要一一缅怀，一一纪念。"

怀着对英灵的爱戴和敬仰，王老来到了天全县烈士陵园，在200多名红军烈士的纪念碑前她又回忆起了那惊心动魄的一幕："我记得特别清楚，那时，由于部队转战，200多名伤病员留在当地休整，突然一股敌军包围过来，他们不但把这些伤病员一一杀害，而且，还把已经埋在地里的红军战士的尸体挖出来，浇上汽油全部烧毁，那个才真叫惨不忍睹啊！"

王老义愤填膺地诉说着敌人罪恶滔天的野蛮行径，热泪盈眶地念着每一个烈士的名字。她抚摸着烈士陵墓的石碑，饱含深情地将花篮轻轻地放到烈士纪念碑前，然后深深地鞠躬，默默地祈祷。

告别英灵，王老踏上了返程的路。车上，她问县领导烈士们的精神对他们有什么启示。县长抢先说话了："我们为了尽快告别贫穷，准备利用红军遗址，打造'红军文化'这一特色品牌，从而开发天全县的旅游事业，带动天全县经济快速发展。"听到这一大胆设想，王老脸上多了一丝笑容，她鼓励他们尽快把工作做好、做细，要求他们找一些红军时期的标语，以烈士、遗孀为题材，再做一个"红军广场"，还说要亲手用毛笔写一遍毛主席的《长征》，将其刻到一块大石头上。

第二天，王老一行翻越海拔3000多米的二郎山，来到了她重走长征路的第二站——距今已有300年历史的大渡河铁索桥上。

铁索桥位于四川省阿坝藏族自治州下属的泸定县，它由13根铁索组成，每根铁索的铁环上都留有当时打造这个铁环的人的名字。王老风趣地说："清朝的皇帝就已经知道责任制好！"

"行走铁索桥是我多年的梦想！"王老道出了自己的心声。

"我家谢老是红一方面军的，而我是红四方面军的，我在长征时期没有走过铁索桥，所以想亲自体验一下丈夫的长征之旅。另外为了教育孩子，也想让他们体验一下父亲的足迹。所以才把行走铁索桥作为重走长征路的重中之重。"王老边走边说着。

铁索桥上是川流不息的游客，桥下是汹涌澎湃的河水。当王老一行来到铁索桥上时，她又一次沉默了。

正当老人家沉浸在回忆中时，五六名戴着红领巾的少先队员走来了。

“老奶奶，看上去您好像是老红军啊！”

“是的，你们怎么晓得的嘛？”王老兴奋地说。

“我们从您的眼光里发现的啊！”少先队员们说。

“是的，我是老红军！”王老拍着胸膛说完后，又拍着这些少先队员的肩膀，意味深长地说：“小朋友们，你们要把这桥看管好啊。”

少先队员们纷纷争着给老人戴上自己心爱的红领巾，认真倾听着老人亲口讲述当年红军的故事，争相与老人合影留念……

当夕阳亲吻着大渡河畔的时候，王老走到了桥头，泸定县文物局的同志请求王老题词。她接过随行人员的笔，二话没说，刚劲有力地写下了“红军万岁”四个大字。

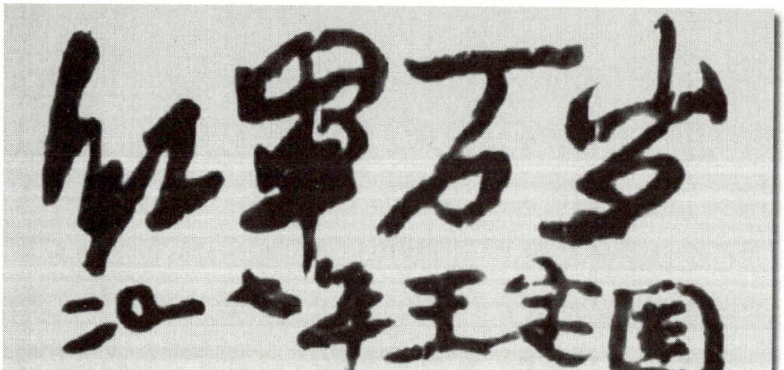

2017 年，春节联欢晚会上王定国题词

许多好奇的老百姓围过来了，他们对红军战士的到来不约而同地鼓掌欢呼，大家一致表示，没有红军战士浴血奋战，就没有今天的幸福生活。

重走长征路的王老在掌声中、欢笑声中结束了她的第一阶段长征之旅。据悉，2004 年 10 月 20 日，王老又踏上了重走长征路的第三站。在长征胜利 70 周年，也就是 2006 年的时候，她决心走完她曾经走过的所有长征之路。

王定国是长征中的勇士，同时也是诗坛里一支不谢的玫瑰。自从与谢老结成革命伴侣后，她就坚持吟诗作画，在她出版发行的个人诗集中，前十首写的都是关于长征生活的诗篇。谨录其一如下：

忆长征·上夹金山

红军翻上夹金山，
关险崖危奋勇攀。
火炬长龙山麓亮，
长留脚印在人间。

附录：

回忆张掖地下党支部的斗争*

刘德胜　王定国　武　杰

（一）

经过严冬的人，知道春天的温暖；走过夜路的人，珍惜星月的光亮。我们是在旧社会苦海里生，在党的培育下成长的“红小鬼”，经过长征艰难曲折的斗争和西路军英勇悲壮战斗历程的严重考验，使我们更加热爱祖国、热爱社会主义、热爱党。

长期革命斗争的实践，还使我们深刻体会到，消灭敌人打胜仗，是革命战士的最大快乐；而脱离党的组织，失去党的领导，则是共产党人的最大痛苦。我们在西路军的一段经历，就饱尝了这方面的痛苦和辛酸。

一九三六年十月二十六日晚上，我们随红四方面军前总、红三十军、九军和红五军，从靖远河包口渡过黄河，执行宁夏战役计划。后因敌情变化，后续部队未能过河。十一月十日，中央军委电令四方面军河西部队改称西路军，执行西进任务。西路军在甘北河西走廊，与马步芳、马步青等“五马”的骑兵部队，进行了顽强艰苦的斗争，广大红军干部战士，以鲜血和生命谱写了英勇悲壮的战斗诗篇。一九三七年三月初，在梨园口、康龙寺战斗后，部队被冲散的情况下，很多同志先后流落到张掖南山地区。在那里，同志们饥寒交迫，处境十分艰苦：有的惨遭敌人活埋、杀害，有的负伤被俘，有的关押监狱，有的送进“补充营”，有的修公路、挖金子，有的女战士被弄到剧团或医院，有的流落街头沿门行乞……但是，经过长征锻炼的共产党员和红军战士，心红似火，志坚如钢，他们不愧是特殊材料制成的人：在强敌面前，不低头，不屈服，不怕死；在困难面前，不气馁，不流泪，不叫苦。千人万人一个信念：一心向党，革命到底！千难万险一个目标：坚持斗争，团结胜利！

（二）

甘州，是甘肃张掖县的县城。有千把户人家，算不上什么繁华，但人来车往，每天都是挺热闹的，国民党马步芳部第一百师第三百旅旅长韩起功的司令部就驻在这里。

甘州城里，有一个骆驼店，关押着二十多个被俘的红军战士。一天，韩起功的“补充营”来骆驼店挑兵，一共挑了三个人，其中一个是红三十军八十八师二六五团九连连长刘德胜，在祁连山掩护左支队领导同志突围后，滚下冰河负伤被俘的，敌人把他从花寨子押到甘州，被关在骆驼店里。

刘德胜来到“补充营”被编在一连一班。经过初步了解，从营部到连队，都有不少熟悉的人。

过了半个月，刘德胜患关节炎和左脚枪伤感染，行走困难，班长请求排长、连长、营长批准，用门板把他抬着送到伤兵医院去住院。在伤兵医院里，刘德胜拄着双拐到处转游，从医务人员到伤病员，又认识了许多人。

有一天，刘德胜遇见了在韩起功电台工作的邱均品、蔡文良二位同志，他们原来在红一方面军三军团工作，长征路上调红四方面军电台工作。刘德胜在西路军总部当过总支委员兼青年干事，那个时候他们就认识，所以，战友相逢格外亲，从此他们经常来往，互相鼓励，决心要组织起来，团结战斗。大家谈论最多的是建立党的组织，加强党的领导，营救西路军被俘、失散人员，争取早日找到红军、找到党。

一九三七年六月初的一个傍晚，落日的余辉（作者注：晖）染红了满天云霞，刘德胜、邱均品、蔡文良几乎是在同一个时刻，悄悄地来到福音堂医院附近的芦苇塘边。三人秘密商谈成立张掖地下党支部。会上，推选刘德胜任党支部书记，邱均品为组织委员，蔡文良为宣传委员。党支部正式成立了，它的首要任务，是扩大组织，团结同志，营救西路军失散人员回到党的怀抱——延安去。

党支部成立不久，邱均品就与王定国同志武杰同志取得联系。王定国原是西路军总部前进剧团的，她和孙桂英一起，被马步芳的骑兵抓到青海西宁，又从西宁押解来甘州，放到韩起功剧团里。武杰原是红三十军八十九师的参谋，石窝整编到二六八团三连当战士，打安西失散后率领二十余人走进祁连山打游击。一九三七年四月出山时被民团抓住，送到大蒲堡当了老百姓。五月初，韩起功下令搜山，又送到甘州，关在骆驼店里，后编入“补充营”一连九班。不久，又从“补充营”选进韩起功参谋处当勤务兵。因为他年纪小，都叫他“共产尕娃”。

为扩大党的组织，不断壮大党的力量，地下党支部进行了明确分工：“补充营”四个连和电台的党员，由邱均品联系；张掖看守所的秘密党支部，由王定国联系；韩起功司令部八大处和张掖县邮政局的党员，由武杰联系；流落失散在甘州城的党员，由刘德胜联系。那时，党的活动是秘密的，都是实行单线联系。在甘州城街道上，武杰先后与寇惠民、李心政、李传珠、李学儒等同志取得了联系，他们靠卖杂货、麻糖、花红维持生活。后来成立了街道临时党支部，李心政被选为党支部书记。在敌人修枪房里，由汤利仁负责，与袁清平、李绍海等同志，组成了党的小组。在永积被服厂，王定国以做衣服为名，与当临时工的胡嘉滨同志又取得了联系。在王府街裁缝店，找到了周强同志。徐世淑在街头，与讨饭度日的黄志亭、刘克先同志接上了关系。这样，党支部很快联系了二十多个党员，使张掖地下党组织有了较好的基础。

（三）

据我们支部派人了解，在张掖县看守所里，关押有刘瑞龙、魏传统、董光益、刘静生、袁正明、徐宏才、张玉清、惠子明等红军的八名干部。他们是在不同的情况下，被韩起功陆续送进看守所寄押的。刘瑞龙同志是在游击支队被敌人骑兵袭击冲散，在山中游动两个月后，在红瓦寺附近被藏族民团捕送韩起功集中营的。八个人经过互相了解，建立了狱中秘密党支部，公推刘瑞龙任党支部书记，魏传统任党支部副书记。党支部以坚定思想、稳定内部为主要任务，相约绝不暴露原来姓名和身份，每天利用放风机会，在地上划（作者注：画）“坚定”二字互勉，边划（作者注：画）边抹；同唱旧军队流行的《苏武牧羊歌》，以“留胡节不辱”，“历尽难中难，心如铁石坚”，“任海枯石烂，大节不稍亏”等歌词，互相鼓励，直到出狱没有一个人暴露身份。在狱中，他们进行了要求延长放风时间和增加口粮的合法斗争，暂时缓和了身体亏损、吃不饱饭等重重困难。他们还注意联系其他被关押的难友。不少农民都是因为支援红军而被捕的，红军干部就和他们拉家常、交朋友，通过聊天宣传红军抗日救国救民主张，并了解了许多地方情况。

一九三七年七月的一天，国民党张掖县县长马鹤年突然来到韩起功司令部的剧团里，见到了红军女战士王定国、孙桂英、徐世淑、陈桂兰、蔡德珍等同志。马鹤年说：“红五军打高台时，是我打开城门迎接红军进城的，我是高台县长，归甘肃省管辖，不属马家军管。你们董振堂军长、杨克明主任待我很好，把我释放回来，现在我要优待你们。”当时，我们谁也不敢相信他的话，大家以怀疑警惕的目光看着、听着。后来我们才知道，马鹤年说的是实话，马鹤年获释后，甘肃省政府又任命他担任了张掖县长。

过了几天，马鹤年又找到王定国等同志，表示亲近地说："我在大革命时期，就参加了青年团和共产党，大革命失败后，脱离了关系。我是真心实意拥护红军和共产党的。""好嘛"，王定国回答："欢迎你常来，希望你能为我们做点好事。"

我们得知刘瑞龙等领导干部被关在张掖县监狱的消息后，即向党支部汇报，当时就派王定国联系，但又找不到探监的合法理由。这时，马鹤年第三次来到剧团，他说："我们县监狱里还关押了你们几位红军领导干部，是马家军打仗俘虏来的，我对这些人好，但就怕他们发现找我的麻烦。"王定国一听，非常高兴，他（作者注：她）想，真是无巧不成书，想吃咸来了个卖盐的。她接着马鹤年的话茬问道："我有一个舅舅，也不知道你们关在哪儿？"马鹤年问："你舅舅姓什么？"王定国随便回答说："姓李，十八子李。"马鹤年立即答复："你去看看吧，注意不要被马家军发现了。"接着，王定国又问："我们去找谁呀？"马鹤年爽快地说："有个看监的老头，姓何，找他就可以看到了。"

一天上午，王定国和孙桂英、徐世淑、李含炳四同志来到张掖县监狱探望。看监的老头问："你们干什么来的？"王定国回答："找我舅舅的。""你舅舅姓什么？""姓李。"老头转脸大声喊到（作者注：道）："你们谁姓李？出来！有人看你们。"刘瑞龙（化名李占魁）同志拖着沉重的脚镣，哗啦哗啦的（作者注：地）走了出来。看监老头喝问："是不是他？""是的，是的，"王定国立即回答："就是他。"其实，她事先并不知道刘瑞龙化名姓李。刘瑞龙问："你们住在哪里？"王定国说："剧团住在韩起功司令部里，你们生活怎样？"刘瑞龙回答："大家信心很足，坚信党，坚信红军会来救我们，就是吃不饱饭，体质比较弱。"她听了，心里十分难受和愤怒。回来后，王定国向党支部委员邱均品汇报了探监的情况。

经过党支部研究，进一步做马鹤年的工作。据刘瑞龙同志说，有一天，马鹤年亲自带领监狱长到看守所看望了八名红军领导干部，他向大家讲话说："你们暂时受一点委屈，现在要打日本，国家需要人才，你们将有大用。"接着又向监狱长交待："听说他们饭不够吃，可以把粮食分给他们自己做。"经监狱秘密党支部讨论，决定由惠子明和徐宏才同志每天出去做饭，监狱生活得到了改善。马鹤年还派人到看守所给同志们理了发。这以后，同志们自由活动的范围在扩大，联系的人越来越多，监狱斗争进入一个新阶段。

（四）

共产党员心向党，党也时刻关怀着她的儿女。

一九三七年四月，党派刘秉林、张文彬同志，带着周恩来副主席的亲笔信，从西安出发，到西宁去找国民党的一位高级将领赵守珏，希望通过他做马步芳、马步青的工作，解救西路军被俘的人员。刘秉林和张文彬在西宁活动了十余天，还到县衙门街小学看望了被押的红军干部战士。

一九三七年七月中旬，谢觉哉同志担任了中央驻兰州代表。谢老和八路军兰州办事处的彭加伦、吴鸿滨（朱良才）、伍修权等同志一起，为营救西路军被俘失散人员，立下了汗马功劳。当时，兰州办事处的任务有三项：一是宣传党的政策和主张，开展抗日民族统一战线工作；二是收容西路军失散人员，转送延安；三是宣传抗日救亡，支持民众运动。谢老坚决贯彻执行党中央、毛主席和周恩来副主席、朱德总司令、叶剑英参谋长对收容和营救西路军失散人员的重要指示，首先是通过多方营救活动，把开展抗日民族统一战线工作同促进当地救亡运动，三项任务溶（作者注：融）为一体，把上层统战与基层配合结合起来。谢老除亲自接见国民党的一些上层人物，面对面地做宣传争取工作外，还大量接触群众，特别是文化、教育界的知识分子和青年学生，热情宣传党的方针政策，同时，还为国民党的报刊（作者注：纸）杂志撰写文章，宣传党的抗日主张。

经吴波和张文彬同志介绍，谢老认识了高金城同志。高金城虽然不是共产党员，但他热爱祖国，热爱人民，是党的忠诚朋友，拥护党的抗日民族统一战线政策，是我党历史上的一位同情者和支持者。早年担任过冯玉祥部队的伤兵医院院长，在兰州办过福陇医院，在甘州办过福音堂医院。

一九三七年八月一日晚上，在兰州五泉山，谢老与彭加伦、朱良才同志一起，找高金城谈话，准备派他去甘州，与张掖地下党支部取得联系，寻找陈昌浩同志和收容西路军被俘失散人员，同行的还有蔡光波同志。高金城欣然接受了党的委托。

高金城来到甘州，以基督教办慈善事业为掩护，在国民党上层人物中积极活动，被甘肃省政府任命为甘肃省甘凉肃抗敌后援委员会主任。他拿着省政府的介绍信，到处找人与探听风声，并宴请张掖县长马鹤年及各方爱国人士。高金城在宴会上宣传国共合作，表示回甘要重开福音堂医院，接受抗日战士伤病员入院治疗。福音堂医院很快就开办起来了。这个医院，实际上变成了张掖地下党组织活动的秘密联络站。

王定国早就认识蔡光波。一天晚上，她在修枪工人董月英家里见到了蔡光波。蔡光波介绍了他与高金城受党的委派来甘州的经过。

王定国、刘德胜等同志分别与高金城接了头。高金城穿着西服革履，显得很有派头，不知他来历的人，初次见面都有点儿怕他。谈话后，高金城立即拿出二十元钱交给王定国，说："送给监狱有困难的同志。"

后来，有的红军战士到福音堂看病、讨饭，高金城都是热情接待，解决了许多实际困难。

如果说，前一阶段我们地下党支部的工作，由于缺乏斗争经验，处在自发状态，那么，自从和高金城、蔡光波取得联系之后，党支部的活动，就开始转入了有组织、有领导、有计划、有目的地全面开展营救工作的新局面。

王定国、徐世淑进了福音堂医院工作后，又吸收了几位同志到医院当护士。福音堂医院开始公开收留西路军伤病员。经过治疗，凡是能走的，都尽量做工作、发路费，让他们经兰州回延安。医院经常住院的有二十人左右。

按照党支部决定，王定国和蔡光波同志一起去花家寨寻找和接应陈昌浩同志。在那里找到了护送陈昌浩的郭老头，证实陈昌浩已经顺利地过了黄河。接着，党支部又派王定国与陈大伟、张明新二位医生，以看病作掩护，在民乐县孙家庄一带联系和接应西路军失散人员。他们用复写纸写了一百多张字条，散发给失散的红军战士。纸条上写着：

“中国工农红军改为八路军；在兰州住有办事处，地址在兰州南摊街五十四号，朱良才同志在那里接应你们。”

秘密告诉失散的红军战士：“身体不好、行动不便的同志，到甘州福音堂后门，敲三下，有王定国、徐世淑同志接应。”

这次活动，花了一个星期时间，找到了西路军野战医院院长丁世芳和甘州地区中心县委书记吴建初，同我们一起到了甘州城，两个人在福音堂南屋住了七八天，又一起经兰州转西安回到延安。

（五）

随着形势的发展，斗争不断深入。我们党支部加强了和监狱秘密党支部的联系。除王定国、武杰多次探望送食品外，党支部还决定刘德胜去探望。

一天，刘德胜带着高金城准备好的点心和名片，去看望刘瑞龙等同志。一个穿便衣的人看了高金城的名片，把刘德胜带进监狱。刘德胜走到里面，迎面遇到戴脚镣的“犯人”说：“我就是李占魁。”乘看守不在身边，刘德胜讲：“国共两党重新合作，兰州有我们的办事处，党派人营救你们了，希望坚持斗争，争取早日释放。”刘瑞龙说：“我只承认叫李占魁，是教书先生、红九军的文书。”还谈了党支部成员的表现，最后说：“魏传统同志双脚冻伤，行动困难。”他还抄了一个名单写了两句话：“我们身体都很好，请家里放心。”交给了刘德胜。

又过了两天，高金城派苟正英、廖春芳化装成福音堂的修女，到监狱给魏传统检查了冻伤，上了药，还留下一盒药膏。

控制敌人电台，搜集情报，是我们党支部的又一项光荣任务。国民党韩起功司令部电台有十多人，除两个管理人员外，都是我红军战士。我们就利用这个有利条件，搜集情报，掌握敌人动态。八月下旬，青海的马步芳电令韩起功，把关押在张掖县监狱的八名红军领导干部，于九月初解往青海。译电人员把情况报告了邱均品，邱均品马上汇报给党支部，并通知了高金城。同时得知“补充营”要送往红水地区修公路。

针对这一重要情报，党支部在福音堂楼上召开了紧急会议，王定国在门口放哨，高金城在楼下掩护。支部决定，由邱均品执笔立即向兰州办事处写个报告。报告是用高金城从兰州办事处带来的秘写纸写的。

报告的内容：一是被关押的红军领导干部情况；二是被俘、失散红军战士在当地的情况；三是“补充营”开往红水地区修公路；四是请求党中央迅速设法营救。报告写好后，由高金城在上面写了买药的介绍信。第二天由蔡光波化装成买药的，把报告直接送兰州。

刘德胜同志赶到监狱，将敌人要押解去青海的消息，转告了刘瑞龙，请他告诉同志们，提高警惕，坚持斗争，党组织正在想办法营救。

王定国同志进行了募捐活动，凑了二十多元法币，买了些营养品，送进监狱。武杰在参谋处同伙伕小陈拉关系准备了一些馒头，送给监狱的同志们。九月初，听说县监狱关押的干部很快要押送去青海，高金城带领地下党支部的几个同志，给刘瑞龙等同志送来了绑腿、碗筷、鞋子、仁丹和急救水等，大家怀着担心留恋的心情，送领导和战友踏上了去西宁的艰苦路程。武杰发现惠子明脚上没有鞋穿，立即把自己穿的鞋子脱下来送给他。刘瑞龙等八个同志挤在一辆马车上，从张掖出发，经红水、阿力克草原、门源、塔尔寺等地，大约走了十天，到达西宁。同志们想的是凶多吉少，没想到马步芳却说：“你们的总司令要你们回去。”三天后，他们把刘瑞龙等同志从西宁押到国民党兰州绥靖公署贺耀祖处。由于党中央和各级党组织有计划地营救，一九三七年九月二十二日，刘瑞龙、魏传统、徐宏才、惠子明等四同志，回到了八路军驻兰州办事处。九月二十三日，刘瑞龙向谢老和办事处同志报告了狱中情况和被释放的经过，请谢老继续营救尚未释放的同志。

（六）

张掖地下党支部的活动，影响越来越大，使国民党反动派为之惊恐和不安。

九月六日，邱均品得到情报：韩起功发现在城里的红军人员活动频繁，有的已跑掉了，准备下手抓人。高金城也从国民党上层人物那里听到类似消息。九月七日晚上，党支部召开了紧急会议，地点还是福音堂小楼，高金城在治疗室作掩护。会上分析了形势，研究了对策，同时又考虑到蔡光波送走的密信能否安全送到，决定再派刘德胜马上离开甘州去兰州汇报情况。党支部书记由邱均品接任，补选王定国为组织委员。

为了及时向党中央报告情况，营救我党干部，揭露反动派的罪恶阴谋，刘德胜必须力争在很短时间内赶到兰州。同志们看到他还拄着双拐，有些焦急，高金城摊开双手，连连问道："怎么办？怎么办？"其实，刘德胜自己心中有数，他的脚伤早已痊愈，关节炎也好了，为了便于工作，双拐还坚持拄着。刘德胜怕同志们担心，笑着说："你们不要怕，我自有灵丹妙药，保证明天按时赶路。"高金城连夜为刘德胜准备了一套衣服，一顶礼帽，一双皮鞋，到兰州买药的介绍信和几张名片。

九月八日早晨，天刚蒙蒙亮，刘德胜穿着蓝卡几布的制服，戴着礼帽，打扮成商人模样，王定国早已在城门口等候着护送刘德胜出城。她见刘德胜慢慢走了过来，就打了一声招呼，两个人肩并肩大摇大摆地出了甘州城。

刘德胜离开张掖后，日夜兼程。过山丹、永昌经凉州、走古浪，来到了平番。在平番城门外，有一个卖西瓜的棚子，卖瓜的老乡看刘德胜是过路人，主动打招呼："你是那（作者注：哪）里人？尝尝瓜吧？"刘德胜回答："河南人。"卖瓜老乡热情地说道："棚里的瓜好，请到里面买。"刘德胜走进瓜棚后，卖瓜老乡切开一个大西瓜，俩人边吃边谈话：

"你离家很久了吧？听口音不大象（作者注：像）河南人呀！"

"我的老家在南方，跟父亲逃难到河南的。"

"我到过江西宁都，和红军打过仗，你是红军吧？"

"不，不是！"

"从口音我听出来了，你是江西宁都人。不瞒你说，同志，我叫郭福海，参加宁都暴动后在红五军团当总务科长。西路军被冲散后我流落在这里帮人种西瓜。"

征途遇战友，乡音分外亲。听了郭福海的简短介绍，刘德胜心情很激动，他伸出双手紧紧地握着郭福海的手，说："同志哥，真没想到咱们能在这里相遇啊！"刘德胜接着向郭福海讲了目前形势：西安事变已和平解决，国共两党重新合作，组成了抗日民族统一战线，红军已经改编为国民革命军第八路军，东渡黄河开赴抗日前线。郭福海听了也很高兴，他表示要努力为党做点工作。刘德胜告诉他，平番有国民党部队的一个“补充团”，里面有不少是红军战士，希望他能去开展工作。刘德胜还给郭福海一张高金城的名片，让他拿着名片去兰州找办事处。后来，郭福海同志到“补充团”做了许多工作，取得不小成绩。

刘德胜离开平番，继续南下，在河口坐上皮筏子，于九月十八日赶到兰州，找到南摊街五十四号，给哨兵递上高金城的名片，很快，谢觉哉同志亲自出来迎接。谢老把刘德胜领进屋里，紧紧握住他的手说：“同志，辛苦了！辛苦了！”见到了党中央、毛主席的代表，刘德胜觉得有千言万语，不知从何说起，激动的泪水夺眶而出……

当天，刘德胜把张掖的情况向谢老、彭加伦和朱良才等同志作了汇报。谢老一边听，一边认真地记着笔记，多次插话询问了地下党支部的活动情况。谢老告诉刘德胜，兰办译出了蔡光波送来的密信，已经向党中央、毛主席作了汇报。

在张掖，斗争形势发生了变化：“补充营”被敌人强令去红水修公路；韩起功的剧团已强迫解散；关押在看守所的同志又被押解去青海；经党组织营救的红军干部战士已先后转送兰州去延安；地下党支部派人向流落四乡的红军战士，散发了写明回张掖、兰州地址的字条；敌人准备下手抓人……

我们党支部开会，作出两条决定：一、加强宣传工作，扩大政治影响；二、掌握敌情变化，随时做好艰苦斗争的思想准备。

为贯彻党支部的决议，我们支部成员人人都当宣传员。

宣传党和红军的胜利；宣传毛主席在陕北建立了革命根据地；宣传红军改编为八路军，东渡黄河出师抗日的胜利；宣传张学良、杨虎城以民族大义为重，释放蒋介石共同抗日等。形势越紧张，斗争越尖锐，我们的宣传工作抓得越紧。为了揭露敌人，鼓舞士气，我们发动群众，进行广泛宣传。为此，高金城还以教会名义，公开宣传国共合作，要求释放政治犯参加抗日。这些活动，在张掖地区造成了很大的声势，起了很好的作用。

（七）

道高魔也高，磨难又接踵而来。武杰利用在韩起功司令部当勤务兵的合法身份，经常偷听参谋处参谋们的议论和电话，偷看参谋处的文件，及时向党支部汇报，掌握敌人的动向。参谋处的参谋，大多数是汉族，只有一个小回民还是同情我们的。但有一个罗参谋，是国民党“蓝衣社”分子，有一次，剧团里的王定国、孙桂英、陈桂兰、蔡德珍、徐世淑、李含炳、张九九、顾德月等同志，编唱了一首骂“蓝衣社”的歌。罗参谋听后大发脾气，把孙桂英反锁在厕所里，威胁说：“谁开门就打谁四十大板！”武杰出于阶级同情心，怀着对敌人的义愤，打开厕所门放了孙桂英，被敌人痛打了四十大板，屁股疼得不能走路。

斗争越是接近胜利，敌人越是垂死挣扎。在电台工作的邱均品、蔡文良被送往青海，途中经过红水，邱均品到“补充营”一连七班看望了王文生同志，他对王文生说：

“我们走了，你们要注意，没有数的人不要接触，没有把握的事不要盲动，党组织正在想各种办法营救你们。”

在福音堂医院当护士的王定国引起了敌人的怀疑，准备把她分配给一个修枪工人做妻子。王定国说：“我有丈夫，在平番‘补充团’，我要回家去。”敌人司令部有一个赵书记官，他很同情王定国，让她通知“丈夫”快写封信来。正巧，适逢吴建初、丁世芳二同志回兰州路过平番，他们就以王定国“丈夫”的名义，编写了一封假书信，从平番寄给王定国，敌人信以为真。但同时又提出，王副官去兰州买东西，准备把王定国带到平番去。武杰得知这个消息后，立即找高金城商量，由他出面找马鹤年县长写了一个通行证。王定国坐马车离开甘州，从凉州换乘汽车，回到了兰州办事处。

王定国离开甘州以后，武杰继续坚持斗争。敌人每天都审问武杰一次。武杰思想斗争很激烈，跑，跑不出去；藏，藏也藏不住。只有等待时机脱离险境。没想到，一天大清早，敌人派了两个传令兵押武杰去红水“补充营”。传令兵骑着马，武杰步行，走到山丹、民乐地区，遇到两个骑马人，马搭（作者注：褡）子里装得鼓囔囔（作者注：囊囊）的。两个传令兵贪财心切，用马缰绳把武杰绑在树上，然后就去追赶骑马人。结果传令兵被骑马人捆了起来，压在河滩里的大石头下面。骑马人走到武杰面前，问道：“你是红军吧？”武杰回答：“是！”“他们送你去哪里？”“可能去红水‘补充营’。”骑马人又问：“你说实话，想去哪里?”武杰如实回答:“我想去兰州!”“好,送你去兰州。”骑马人回答得很干脆。顺手拉过一匹马让武杰骑。他们边走边说,骑马人很同情武杰的遭遇,还拿出羊肉和干粮让武杰吃。夜晚,秋风阵阵,刮得凉嗖嗖(作者注:飕飕)的,骑马人指着夜空那颗明亮的星,说:

“你看,那是北斗星,从这里一直往东走就能到兰州。”

说罢,骑马人又给武杰两块银元和青稞炒面,帮武杰换了一身长袍衣服,就分手了。武杰心里很感动,但又不敢多问什么,说了声“感谢你们!”就上路了。

北斗照征程,战士心向党。武杰按照骑马人指的方向走。渴了,喝河沟里的凉水;饿了,找单门独户的人家要点饭吃。昼行夜宿,整整走了三十一天,才到兰州找到了办事处。武杰站在门口,看到哨兵和进出的军人都穿着国民党军装,也不敢问话,等了一会儿,在红三十军给军长当过书记的匡步才同志出来了,武杰给他对话,俩人谁也不敢相认,这时,王定国在院子里听到武杰的话音,才出门介绍把武杰领了进去。谢老亲切接见了武杰,并听取了汇报。

张掖地下党支部,从一九三七年六月初建立到十月底结束,据不完全统计,共收容、营救西路军被俘、伤病、失散人员三百多人,先后经过兰州办事处和西安办事处回到了延安。

我们党支部成员离开张掖后,高金城同志继续留在甘州,他开办的福音堂医院,仍然接收红军失散人员。

一九三八年初,高金城在张掖县城附近收容了十九名红军伤员，被韩起功发现后，把高金城骗去关押起来，严刑拷打，逼他供认是共产党员、交出共产党员名单。高金城坚贞不屈，他颂扬共产党爱国爱民，是抗日救国的民族英雄！他痛骂韩起功是土匪，是屠杀爱国军民的刽子手！是日寇的帮凶走狗、民族败类！韩起功恼羞成怒，于一九三八年农历正月初四日凌晨，派人把高金城同志活埋在张掖县大衙门的后花园里。

我们还记得清清楚楚，刘德胜离开张掖时问过高金城："到兰州有什么事要办?"高金城想了想，说："请你转告谢老，在革命胜利之日不要忘了我。"一九四九年全国解放以后，谢觉哉同志亲自为高金城同志写了证明材料，党和人民政府追认他为革命烈士。恶贯满盈的韩起功，受到人民的审判和镇压。

今天，我们回顾张掖地下党支部的斗争生活，更加深深地怀念为忠诚党的事业而英勇献身的高金城烈士！他的功绩，我们不会忘记，党和人民不会忘记！他的名字，将和千千万万个革命先烈一样，留（作者注：流）芳千古，永垂不朽！

摘自：《艰苦的历程——中国工农红军第四方面军革命回忆录选辑》，人民出版社，1985 年。

* 附录为原文录入，对个别错别字以作者注的形式进行了修正。